あきらめ上手は生き方上手

下園壮太
shimozono souta

マガジンハウス

あきらめ上手は生き方上手

あきらめ上手は生き方上手／目次

はじめに――9

第一章◉あきらめが悪いために苦しむ人々――14
❖蛇の生殺し人生――14
❖夢を取るか現実をみるか――15
❖リストラされた会社への恨み――16
❖男を信じ続けたいD子さん――17
❖大学で調子を崩し、人生そのものをあきらめようとした――18
●あきらめは、現代の中で必要以上に悪者にされている――21
❖あきらめの一側面〝力が入らなくなる〟――21

第二章◉あきらめとは何か――26
❖感情のプログラム――26
❖あきらめのプログラムはエネルギー節約プログラム――26
▼あきらめのプログラム第一世代、第二世代
▼あきらめのプログラムの目的、発動条件、効果

進化したあきらめのプログラム（第三世代）35
現代人にとってのあきらめのプログラム 38

第三章◉あきらめのプログラムの誤作動 46

生命エネルギー保存の法則 48
エネルギー保存の法則とあきらめのプログラムの関係 51
あきらめの天秤が動きにくくなっている 53
▼あきらめの天秤

第四章◉幸せと夢とあきらめ 60

幸せとは何か 60
▼人はどんなときに幸せを感じるのか
▼苦しみからの解放による幸せ
▼刺激的な生活の幸せ
進化した幸せのプログラム 74
現代は幸せを感じにくい!? 79
夢（目標）とあきらめ 85
▼なにかが「できる」という中間目標
▼「（他人に）勝つ」という中間目標
▼愛されたいという中間目標
▼仲間に入れてほしいという中間目標
100人誤作動 97

❖中間目標は最終目標と同じぐらい魅力的。我々の行動を誘導してしまう 101
❖中間目標が我々を苦しめる 103

第五章◉「途中で止められない」誤作動 108

❖がんばっている自分をやめられなくて苦しんでいるF子さん 108
●「途中で止められない」誤作動の原因 111
❖農業主体の集団生活と狩り主体の小グループの生活の差 112
❖高度成長時代の図式を引きずる 116
❖「あきらめるな」は時代遅れ 118

第六章◉「決められない」誤作動 124

❖Gさんのケース 124
●「決められない」誤作動の原因 125
❖情報の洪水に飲み込まれる（選択肢が欲しい、でも多すぎるのもいや） 125
❖現代日本人の矛盾（自由にしたい、責任は負いたくない） 128
❖リーダーシップとあきらめ 132

日本の教育 133
集中の原則 135

第七章◉「満足しない」誤作動 140

劣等感にさいなまれる医師Hさん 140
●「満足しない」誤作動の原因 141
情報によって歪む「できる」という感覚 141
「役割」へのあきらめの誤作動（〝自分の仕事〟と認められない癖） 145
▼役割とはなんだろうか ▼「役割」へのこだわりが、あきらめを鈍らせる
▼情報により「役割」が一人歩きする
愛のあきらめの誤作動 154
▼親の愛・子どもの愛

第八章◉「忘れられない、受け入れられない」誤作動 160

自分で選んだつもりなのに後悔ばかりのSさん 160
あきらめを受け入れるのは難しい 161
●「忘れられない、受け入れられない」誤作動の原因 162

❖自責のプログラム　163
❖「忘れてしまう」対処の危険性　165
❖忘れるプラス自責のプログラムでエネルギー消耗　167
❖自殺はあきらめのプログラムの最大の誤作動　173
▼精神疲労蓄積の六つのブースター　▼精神疲労の蓄積とあきらめの関係　▼若者も疲れる
▼工夫して「あきらめる」時代

第九章◉あきらめを上手にするコツ

第九章◉あきらめを上手にするコツ　186
❖あきらめの本質を考えてみる（自分の頭の中の作業1）　188
▼まず、あきらめのプログラムの意味を復習
▼あなたは今、何をあきらめようとしているのか（自分の頭の中の作業2）
❖あきらめきれない苦しさを言葉にしてみよう（自分の口を使った作業）　194
▼人は、下位目標を達成したところで安心してしまう　▼話をすることの意味
❖情報を集めてみる（自分の耳を使う作業）　199
❖自分の頭の中で考え、人に話し、人から情報を得ることの意味　201
❖苦しみのプログラムを活用する（自分の行動を決める作業1）　204
▼苦しみのプログラムと「行動すること」の関係
▼とことんやってみるという決心（放っておくという対処）　▼試しにやってみようという対処
▼決心する時期をあらかじめ決めておくという対処
▼苦しみのプログラムとフォーカシング、心の会議　▼若い人のあきらめ

主体性のある選択（自分の行動を決める作業2） 222
誰かに決めてもらう（自分の行動を決める作業3） 224
自分が受ける刺激を変える（自分の思考環境を変える作業） 227
▼コメントや事例、本音情報による影響が強い　▼小学生のカッターナイフ殺人事件
安息日という考え方（疲労への対処） 258
今日を楽しく生きる（幸せ貯金） 261

第十章◉あきらめの問題はケースバイケース 266
人はいろんな才能の正規分布 266
●あきらめるをあきらめる 270
あきらめきれないあなたには、あなたのポジションがある 270

終わりに 273

カバーイラスト――羽多野典子
本文イラスト――山口一郎
装丁――山田英春

はじめに

「あきらめる」という言葉、あなたは嫌いだろうか。

昨今、あきらめに対する過剰な卑下が気になる。

「私はあきらめない」というタイトルのテレビ番組がはやり、異常ないじめに耐える「牡丹と薔薇」がヒットした。「プロジェクトX」の大人気。日本人は〝耐えること〟や地道な努力が好きなのだ。


しかし一方、長いカウンセリング経歴の中で、私は「人生とは、いかにうまく（上手に）様々なことをあきらめるかがテーマだ」と考えるようになってきた。

私にしてみれば、現代は〝あきらめ〟が不当に虐げられている社会だと感じる。クライアントの多くが、このあきらめに対する偏見が原因で苦しんでいるからだ。

あきらめることに対する偏見を取り払うと、心の動きが軽くなる。心が軽くなれば、苦しみも少なく、また自分らしい人生を見つけることもたやすくなる。上手にあきらめる人は、精神的な疲労もたまらない。逆に（あきらめきれないで）あることに支配されていると、あきらめのプログラムが誤作動し、ついには生きることをあきらめてしまうという最悪の感情が発動してしまうことさえある。

「あきらめ」が人生の極意のひとつだなと、なんとなく感じている人は多いだろう。しかし、実際には、あきらめようと思っていてもあきらめきれない。あきらめることが後ろめたかったり、その勇気が出なかったりする。あきらめるのは難しいのだ。

あきらめについて考えるとき、いつも思い出す物語がある。

あるアラビアの王子様が高価な壺の中に入っていたキャンディを取ろうとして、手が抜けなくなってしまった。国中が大騒ぎになる。壺を割って王子を救おうというアイディアもあったが、隣の国からもらった大切な壺だったのでそれもできなかった。困りはてた王子様を救ったのは、通りかかった一人の賢者だった。賢者は、王子に向かってこう言った。

「つかんでいるキャンディを放しなさい」

「嫌だ、キャンディがほしいんだ」と泣きながら答える王子。

「大丈夫、必ずキャンディは取ってあげます」という賢者の言葉を信じて、王子がキャンディを放すと、手はするっと抜けていった。喜ぶ王子様。

賢者は、その壺を逆さにし、中のキャンディを王子に与えた。めでたし、めでたし。

あることをあきらめることによって、結果的にはそれを得ることができる。

賢者の手際の鮮やかさとともに、物事にこだわらないことも大切なんだなということが、幼い私の心にも強く残った。

本書で詳しく触れるが、あきらめは本来、重要な選択機能であり決心機能である。

つまりあきらめの本質は、他のことを取るために、あることを捨てることにある。このとき捨てる苦しさがあるので、あきらめは嫌われる。

しかし、人が主体的に生きるためには、これらの苦しさは避けて通れない。選択するということは、他の選択肢を捨てることであり、決心することは、それに伴う責任を追うことでもある。実は我々があきらめの苦しさと考えているのは、前向きに生きることそのものの苦しさなのだ。


我々があきらめに苦しむのは、あきらめの持つ本質的な苦しさだけのせいではない。もともと日本人はあきらめが苦手な民族なのだ。

逆にいうと、だからこそそれを戒めるために、桜のような散り際の美しさが美徳とされる。あきらめは、人生の極意であるが、難しい。

あきらめがうまかった例として記憶にあるのは、山口百恵、長嶋一茂、福田官房長官、高橋尚子…。

あきらめの悪かった例で記憶に新しいのは、鳥インフルエンザの浅田農場、雪印、三菱ふそうトラック・バス。そのほかにもギャンブルや借金をやめられない人々、DV（家庭内の暴力）からのがれられない人々、NEET（自らの意志で修学も勤労もしない人々）など、あきらめに苦しみ、事態がどんどん悪くなっている人を多くみかける。

本書では、あきらめの本質に迫ってみようと思う。
なぜ、人にあきらめという感情が備わっているのか。
我々があることをあきらめられないのは、なぜか。
そして、あきらめるためのコツは…。

あきらめについて正しく理解し、あきらめとうまく共存しよう。
あきらめをうまく使いこなすのは、現代人にとってとても大切なことである。
あきらめ上手は、生き方上手。
しなやかな人生を目指して、気楽に読み進んで欲しい。

なお、本書で紹介する事例は、私のカウンセリング経験をもとにアレンジしたものであり、特定のモデルはいないことを付け加えておく。

chapter 1

第一章

あきらめが悪いために苦しむ人々

蛇の生殺し人生

Aさんは国立大学を出て、世間でいう一流企業に入社した。

幹部候補生などとおだてられ、これまでかなり家庭を犠牲にして、会社に尽くしてきたつもりだ。ところが40歳を迎える今、同期の中でも出世にばらつきがでてきた。Aさんは出世頭でもなく、かといって出世が遅いというわけでもない。

同期の中には、この会社に見切りをつけて独立した者もいる。先日その友人と酒を飲む機会があった。

「いや、小さい会社だから苦労は多いよ」と言いながらも、充実した時間を送っている様子だ。

Aさんは悩んでいる。このままでいいのか、俺の人生は。

このまま、先の見えたこの会社で一生過ごしていくのか。相変わらず仕事を優先して家族や自分のことを顧みない生活、上司の機嫌を窺《うかが》いながら言いたいことも言えない毎日…。これが本当に自分の求めている幸せな生活なのだろうか。

かといって、この不況の中、いまさら会社を辞めるという行動は非現実的だ。

まだ、部長ぐらいにはなれるかもしれないし…。いや、ひょっとすると取締役にも…。

「蛇の生殺し、だな」

どっちつかずで動けない自分を嘲笑しながら、最近、Aさんが赤ちょうちんでよく漏らすフレーズである。

夢を取るか現実をみるか

Bさんは、中学のころからバンドをやっている。38歳になった今も独身で、定職はなく両親と暮らしている。ときどきCDショップで働きながら、バンド活動は続けている。作曲もし、地元のテレビでコマーシャルソングが流れたこともある。ほとんど売れはしなかったがインディーズからCDも2枚出した。

夢はメジャーデビュー。

ところが、叔父から繊維会社を手伝ってくれないかという誘いがあった。

「いつまでも、夢ばっかり追いかけてないでここらで落ち着いたらどうだ。このまま親に頼ってばかりではいかんだろう、もうそろそろ嫁さんをもらって独り立ちしないと。もうすぐ親の面倒を見なければならなくなるぞ。おまえは長男なのだから…」

だが、彼は今の生活や夢を捨てて、堅苦しいサラリーマンになるのにどうしても抵抗がある。一方で、確かに叔父の言うことももっともで、年老いていく父母を見るといつかは方向転換しなければならないなと、思っていたところだ。

しかし、どちらを選択することもできず、ただ毎日が過ぎていく。焦りとともに。

❖──リストラされた会社への恨み

C子さんは、35歳。3年前に結婚し、これまで勤めていた会社を辞めた。

本当は、結婚しても働き続けたかったのだ。ところが夫は、C子さんが働くのを好まなかった。結婚をまじかに控え、C子さんは同僚に「彼が、私が働くのを嫌がって…」とおのろけ交じりで話したところ、その噂が一人歩きし、C子さんは寿退職するのだという雰囲気が出来上がってしまったという。

結婚でうかれていたC子さんは、そのときは気がつかなかったのだが、会社はC子さんを退職させたがっていたようだ。というのも、C子さんが結婚し、新婚旅行の土産を持って挨拶に行ったところ、すでにC子さんの後任として「若くてきれいな娘」が入社していたのだ。同僚から「コネで入ったそうよ。あの娘を入れるために、あなたは体よく追っ払われたのね」などと吹き込まれる。

C子さんは、とても腹が立ったが、いまさらどうしようもないし、忘れてしまおうと思った。ところが、最近そのことが良く思い出される。

夫との仲が冷えてきたことも原因かもしれない。仕事やパチンコで家を空けがちな夫に、「私は、あなたが言うから会社を辞めたのよ。本当はもっとキャリアを積みたかったのに…」と不満をぶつける。

いったい、私の人生は何なのだろう。私は誰のために生きているのだろう。

C子さんの悶々とした毎日が続いている。

❖——男を信じ続けたいD子さん

D子さんは、27歳。いわゆる結婚詐欺にだまされた。

水商売をしていたD子さんは、あるとき金払いの良い、若くて高級スーツをきた男に言い寄られる。本来はガードの固いD子さんだが、会社を経営しているという男のプレゼント攻撃や、高級レストランでのデートを重ねるうち、彼に心を許してしまう。

「今、会社がピンチなんだ」という彼の言葉を始めは疑いもしなかった。D子さんは、あっという間に500万を手渡してしまう。

返す返すといいながら一向にその気配のない彼に、実は妻子がいたことを知り、D子さんは、ようやくだまされたのではないかと考え始めた。

そのことを責めると、男から暴力をふるわれた。

ところが、周囲や家族からの「手を切れ」というアドバイスにもかかわらず、D子さんは彼と一緒の生活を解消できなかった。

「せめて、お金だけでも返してもらう」それが、彼女の言い分だった。

しかし、本当は彼女のほうが彼をあきらめきれていなかったのだ。

男が借金を抱えたまま姿を消しても、D子さんは彼の帰りを待ちながらアパートでの暮らしを続けた。彼女がようやくそのアパートを引っ越そうと決めたのは、それから1年後のことである。「あきらめ」という心の整理に長い時間が必要だったのだ。

大学で調子を崩し、人生そのものをあきらめようとした

E君は、22歳。二浪して今の大学に入った。

E君は、3年の夏に交通事故で親友を失ったことをきっかけに体調を崩し、うつ状態になってしまった。

大学のカウンセラーに受診を勧められ、しぶしぶながら精神科を訪れた。

彼の消耗はかなりのもので、一人で生活するのはとても無理だから、入院して治そうということになった。

しかし、彼は落ち着いて2週間も入院していられないのだ。

少し良くなると、どうしても出たいゼミがある、どうしても就職活動をしなければならない、どうしてもテストを受けなければならないなどと医師に懇願する。「行かないと自分の人生はおしまいなのだ、脱落者になってしまうのだ」などと何度も言われると、医師も根負けして外出を許可してしまう。

彼は大学生活で遅れをとることを恐れていた。仲間から離れる不安に取り付かれていた。そ

んな思いが募り、医師の指導にもかかわらず、外出しては体調を崩すという繰り返しだった。
もし、彼がすべてをあきらめ休養することに専念できたら、彼のうつ状態は、2〜3ヶ月で回復したであろう。しかし彼は若さゆえに、後から見れば小さいことをあきらめられなかったのだ。

そのようなことを繰り返すうち、しだいに落ち込みも激しくなり、結果的にE君は、彼が最も避けたいと思っていた留年を覚悟しなければならなくなった。

「留年することを思うと、死んでしまいたい気持ちが強くなる」

ほんの小さなことをあきらめなかったおかげで、彼は〝生きること〟をあきらめようとしているのだ。

幸い、彼はようやくあきらめがつき、治療に専念することになった。あきらめると回復も早い。彼は留年こそしたものの、本来の彼に戻って大学を卒業することができた。

ここで紹介したのは、私がカウンセリングで支援してきた「あきらめ」のほんの一例だ。

そのほかにも、病気であることを受け入れるための〝あきらめ〟、自分の親が理想の親でないことを受け入れる〝あきらめ〟、ギャンブルやアルコールについての〝あきらめ〟、配偶者や恋人、子どもが自分の思うように行動してくれないことについての〝あきらめ〟などのテーマにもよく遭遇する。

もっというと、私たちはこの人生、この社会、この家族、自分自身についてあきらめきれない。常に、こうあってほしい。こうあるべきというイメージと戦い、それをあきらめられないのだ。あきらめるのは、自分でなくなるような恐怖がある。

傍から見ると彼らは、求めても届かないものを、求めているように見える。求める作業はＯＫだ。しかし、手ごたえのないところでは、「あきらめる」というプログラムが働かなければならない。理想を求めるのは結構。しかし、理想だけを食べる体質では、それがなくなったとき、それが寄り切られそうになったとき、Ｅ君のように生をあきらめるプログラムが誤作動してしまう。

あきらめが現代社会をうまく生きる上でのキーワードになる。それは私のカウンセリングの経験から導き出した結論だ。と同時に、「あきらめる」という作業は我々にとってとても難しい作業だ。なぜだろう。

あきらめについて、少し詳しく考えてみることにしよう。

あきらめは、現代の中で必要以上に悪者にされている

◆あきらめの一側面、〝力が入らなくなる〟

一般的に、「あきらめ」は嫌われ者だ。それは、あきらめのプログラムが持っている機能がマイナスのイメージを持っているからだろう。

あきらめが生ずると、人はそれ以上その仕事を続けなくなる。もうその仕事をやっても無駄だ、意味がないと感じる。更に、どうせこのまま続けてもうまくいかないと思う。同時に強い疲労感を感じる。それは、理性で合理的に判断したというのではなく、そう感じてしまうのである。

つまり、あきらめは、力が入らなくなるプログラムなのだ。あきらめのプログラムが作動すると、「今までのエネルギー（努力）はむだになった。また一から始めなければならない」という不安と悲しさがあなたを支配する。

どうしても乗り越えなければならない（と思い込んでいる）課題があるとき、あきらめの気

持ちが生じると、そこで努力はストップしてしまう。

我々は、スポーツ選手があきらめたとき、試合が一方的な展開になる場面を何度も見ている。自分はまだがんばろうとしている、がんばりたいのに、あきらめの気持ちが力を出させない。その結果、失敗した。あきらめたから負けたのだ、と思う。あきらめは、努力を中断させてしまう厄介者。がんばる私のじゃまをする悪役だというイメージが定着してしまう。

また、人生という長い時間でみても、あきらめはやはり嫌われ者だ。

現代の一流といわれる成功者の話を聞くと、何度かの挫折があり、それでもその道をあきらめず努力を続けた結果、今の成功があると振り返る。

あきらめれば、もうそのことに取り組まなくなる。それを避けるようにもなる。するとそのテーマは人生から脱落し、その人の人生の幅が狭くなってしまったような気持ちになる（後で詳しく説明するが、実はあきらめたほうが意識とエネルギーが他に向き、人生の幅が広がるのだが…）。

だから、あきらめず、ずっとやり通したほうがよい。そうすれば一流になれる。誰もがそう思う。

また、自分の実力でどうしようもない状況になったとき、我々はあきらめる。あきらめざるをえない。その結果、これまでのあきらめの思い出をたどるとき、どうしても「今の状態に追いやられた自分」というイメージが強くなる。

つまり、我々の印象として、「あきらめ＝失敗、可能性の減少、寄り切られること」という公式が出来上がっているようだ。

また更に、あることをチームでやっているとき、一人があきらめると周りに与える影響は大きい。だから共同作業の中でのあきらめも嫌われる立場にある。

逆に「あきらめるな」は美しい響きを持っている。

「おまえにはできる」という、あなたの可能性を信じているからこそかけられる励ましの言葉だ。この言葉に勇気づけられ、力が出たという人もいるに違いない。

たしかにこのように「がんばれ、あきらめるな」が功を奏する場面があるだろう。しかし人生のすべてがそうではない。むしろ人生のなかでは、うまくあきらめることが必要になってくる場面に数多く遭遇する。

あきらめは嫌われ者だ。

しかし私はあえてここで言いたい。あきらめ上手になろうと。

あきらめは、一般に思われているように否定的な機能ではない。

むしろ、より良い人生を模索し、最後まで粘り強く、自分らしく生きていくための機能なのだ。それなのに、あきらめに対する不当に低い評価は、我々にあきらめる作業を忌み嫌わせ、その結果、逆にとても生きにくい人生を送らせてしまっている。

そこで、最初に「あきらめ」そのものについて少し考えてみることにしよう。

あきらめとは何か、単なる敗北ではない…とすれば、どんな意味があるのだろう。

忌み嫌われている「力が入らなくなる」「あることを続けられなくなる（意欲がなくなる、明るい見通しがなくなる）」のは、我々にとって果たして何らかの意味があるのか。

chapter 2

第二章

あきらめとは何か

感情のプログラム

私は、人の考えや行動は、感情のプログラムに支配されていると考えている。

例えば「不安のプログラム」が発動すると、人は眠れなくなり、いつも同じことをぐるぐると考える。これは、人が危険を察知したときに身を守るためのプログラムなのだ。猛獣に襲われやすい夜間は、眠りを浅くし警戒した。また、起こりうる将来の危険を避けるため、危険な場面をシミュレーションし続けた。だから、不眠になるし、ぐるぐる考えてしまう。それは当然なのだ。身を守るプログラムが働いているだけなのだ。

感情のプログラムには、その他にも、「驚き」「恐怖」「悲しみ」「パニック」「絶望」など多くのプログラムがあり、我々の行動に大きな影響を与えている。ここで取り上げる「あきらめのプログラム」もそのひとつである。

（感情のプログラムについては、拙著『人はどうして死にたがるのか』を参照）

あきらめのプログラムはエネルギー節約プログラム

▼あきらめのプログラム第一世代、第二世代

ヒトは限られたエネルギーで、食糧を得、生殖活動をし、それらを得るための争いをする必

要があった。

生き延びるためには、エネルギーの無駄遣いは許されない。見込みのない活動には早く見切りをつけ、次の行動に移るためのプログラムが必要だった。それが、あきらめのプログラムなのだ。


虫などの下等な動物をイメージして欲しい。

例えば彼らの好物を、においはもれるけれど、絶対に侵入できないような透明ケースの中に入れておくとしよう。彼らは何度も何度もそのケースの周りをうろうろし、つつきまわり、どこかに侵入できはしないかという抜け穴を探すだろう。私は動物学者ではないので、いつまでそんな行動が続くのかはわからないのだが、いずれにせよ私たち人間から見れば、とても無駄なトライに見えても、彼らはとことん追求する。その結果、彼らにとって貴重な時間とエネルギーを消耗してしまうこともある。

私たち人間にはあきらめのプログラムがあるので、ある程度試みて、これはエネルギーの無駄遣いだと感じれば、その行為を止めることができる。これは当たり前のようで、とてもよくできたプログラムなのだ。

私たちが、障害を越えて進むロボットを作る場合を考えてみよう。コンピューターに最初に書き込むのは、先ほどの下等動物のように「ある方向に進んでみてそれがうまくいかない場合、引き返して少し違う方向に進む」というプログラムだろう。そうすると偶然にも、突破口を見出すことができるかもしれない。この方法だとセンサーなどというしゃれたものは必要ない。昔のブリキのおもちゃでもできた芸当だ。今、お掃除ロボットなんていうのができているが、障害物があっても動き続け、そのフロア全体を掃除してしまうこのロボットには、このような単純なプログラムが仕組まれているのかもしれない。（図1）

しかし、このプログラムは、あきらめのプログラムというより、むしろあきらめないためのプログラムだ。とことんその周辺で突破口を探す。あるいは繰り返すことによって、その場所を壊してでも突破する。そのために何度でもトライするプログラムなのだ。しかし本当にその周辺での突破が不可能な場合は、いつかやめなければならない。そこでこのあきらめないプログラムにあきらめるという作業をさせるには、例えば「200回トライしたら大きく方向転換せよ」という指令を書き込むことが必要になる。これが最初のあきらめのプログラムだ（第一世代）。（図2）

このプログラムは、何回トライしたら大きく方向転換をするのかという回数設定を変えることができる。例えばあるロボットは、その行動を500回は続けるが、他のロボットは4回で大きく方向変換するという具合だ。またどれぐらい大きく方向転換するのか、例えば5センチにするのか、10メートルにするのかなどの設定を生物によって経験的に変えていったのだ。遺伝子として組み込まれた既定値（デフォルト）を個体の経験のなかで変えることができる。つまり個体の中の速やかな学習機能の獲得、これが、あきらめのプログラムの第二世代だ。

図1

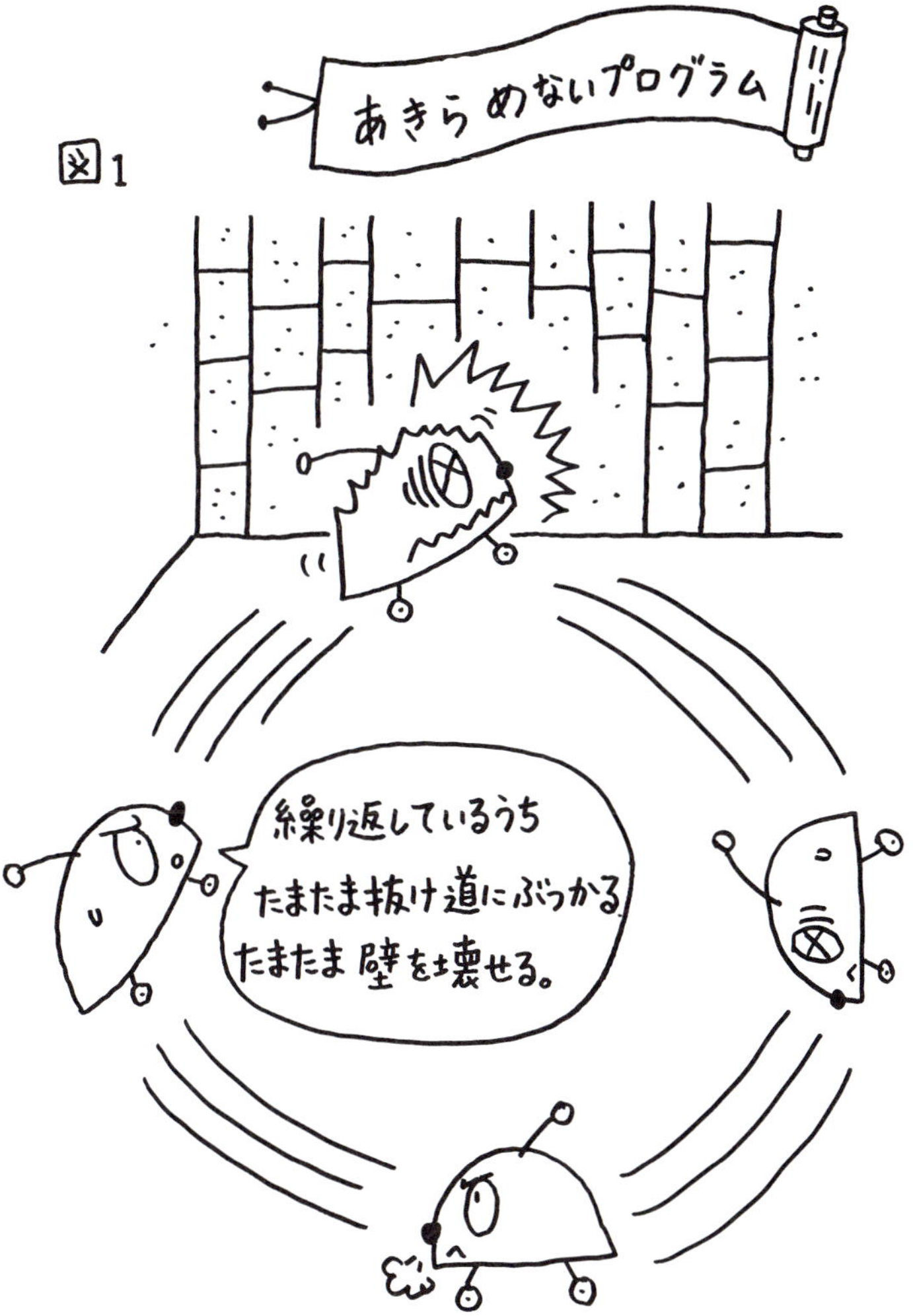
あきらめないプログラム
繰り返しているうち
たまたま抜け道にぶつかる
たまたま壁を壊せる。

あきらめのプログラム 第一・二世代

図2

もうダメ
第一世代
第二世代
やったー！
あの場所を あきらめて
大きく移動したら、通れるぞ。
進化した
僕なら上へも
行ける。

おそらくこのころには、これまでやった自分の作業をふりかえり、その作業自体に見切りをつけ、他のやり方を模索することも始めただろう。例えば先の掃除ロボットだったら、水平方行に方向変換するのではなく、20センチ上への移動を新たにプログラムされたようなものだ。これによってこのロボットは階段や2階の掃除もできるようになった。もちろんこれによってロボットの本体も少し変わる。伸び上がるための足を身につけた。それが進化だ。（図2）

さてこのロボットは、充電式だ。本体の電池が切れそうになると、自動的にコンセントの充電器のところまで戻り充電する。

ロボットがバッテリーの残りが少ないことを認識し、いつものように充電器のところまで戻ろうとしたそのとき、悲劇がおこった。ちょっとしたきっかけでドアが開かなくなっていたのだ。

ロボットは、水平方向、垂直方向に何度も前進を試みた。

しかし、とうとう力尽きて動かなくなってしまった。

ロボットの場合は、また充電すれば生きかえる。ところが動物の場合は、その場で死んでしまうことになる。そこで、そのように残りのエネルギーが少なくなった場合は、脱出のための方法にかかるエネルギーと残りのエネルギー（生存を維持する最低限のエネルギー）を十分に比較して、慎重に自分の行動を決めなければならない。このあたりの微妙なさじ加減を助けてくれるのが「あきらめのプログラム」なのだ。

▼あきらめのプログラムの目的、発動条件、効果

この例でもわかる通り、あきらめのプログラムの最大の目的は「(むだな仕事による) 貴重なエネルギーの浪費を防止する」ということである。

もしその作業の費用対効果が悪ければ、その仕事をやめて、他の仕事のためにエネルギーをとっておけ。プログラムはそう言っている。

では、あきらめのプログラムが発動するための条件はどのようなものなのだろうか。

それは、一言でいうと〝効率の悪さの自覚〟である。

例えば、一生懸命やっているのに、何の見返りも見えない。あるいは変化があっても、その変化が、自分が欲するものと関連しているとは思えない。あるいは、見返りがあってもかけた時間と労力に見合わないと感じる。

そういう状態のときプログラムが発動する。

現代の我々でも、意味を感じられない仕事、やりがいのない仕事、手ごたえのない仕事は、結局投げ出して(あきらめて)しまう。

いったん発動するとプログラムは、宿主にこれ以上その作業を続けさせないような工夫をする。

まず、疲労感を強くする。疲れて、もう作業をしたくない気にさせる。

更に、プログラムの発動のきっかけになった無力感を一層強く感じさせる。

今までやっていた仕事なのに、急に強く無意味さを感じたり、あるいは「やってもむだだ」「どうせダメだ」と感じるようになる。

その結果、その仕事をやめる。

もし、そのまま仕事を続けていると、それはとてもイライラするし、身も心も疲れてしまう。

イライラは、貴重なエネルギーをむだに使っている状態に対する怒りである。

このような変化が、宿主に対し、結果的に今の仕事をやめさせ、新たな活動に向かわせる働きをするのである。

そしてこの活動の積み重ねが、宿主が様々な環境に適応していくための、具体的な対応力を高めてくれるのである。（図3）

「そうか、エネルギーを効率的に使うためには、費用対効果の悪い仕事を避ける機能は確かに必要だ。なるほど、あきらめのプログラムは、なかなか優れものだな」

あなたはそう思ったかもしれない。


しかし実は、「あきらめのプログラム」は、今あなたが思っているより、もっともっと強力に私たちに影響を与えているのだ。大脳の発達がもたらしたあきらめのプログラムの進化バー

図3

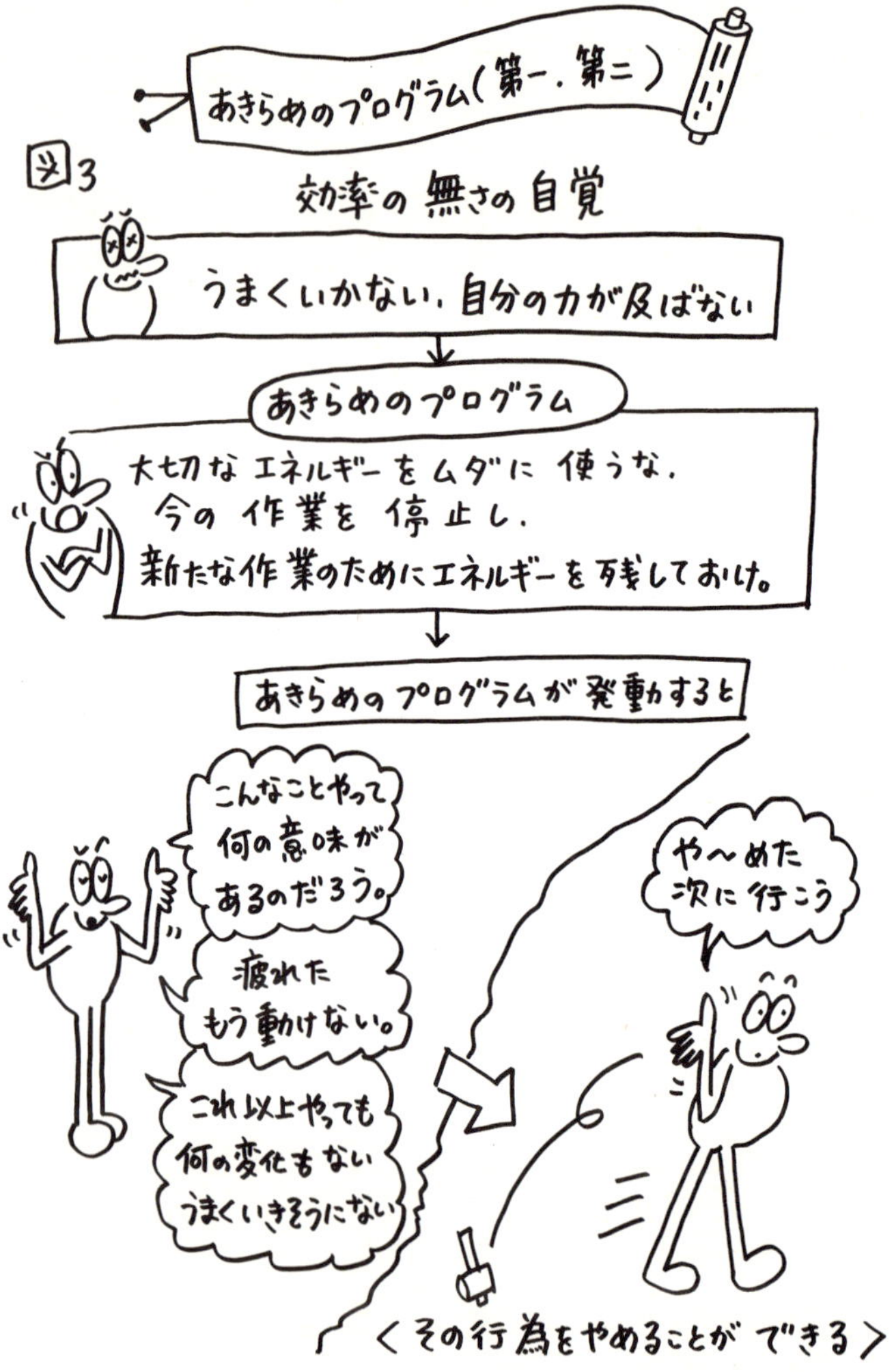
あきらめのプログラム(第一、第二)
効率の無さの自覚
うまくいかない、自分の力が及ばない
あきらめのプログラム
大切なエネルギーをムダに使うな。
今の作業を停止し、
新たな作業のためにエネルギーを残しておけ。
あきらめのプログラムが発動すると
こんなことやって何の意味があるのだろう。
疲れた もう動けない。
これ以上やっても何の変化もない うまくいきそうにない
や〜めた 次に行こう
〈その行為をやめることができる〉

ジョン（第三世代）の働きを見てみよう。

進化したあきらめのプログラム（第三世代）

予測する力を持ったヒトは、省エネルギープログラムであるあきらめのプログラムを更にバージョンアップした。

つまり、これまでのあきらめのプログラムは、行動してから手ごたえのなさを感じ取り、その活動を止めるものだった。しかし、進化した「あきらめのプログラム」は、自分の能力でこの作業がうまくいくかを〝予測〟して、失敗しそうであれば行動しない、という離れ業をやってのけるようになったのだ。その結果、無駄なエネルギー消費は大きく減り、人類が進化競争に勝ち残るために大きな貢献をした。

予測するためには、過去の似たような作業経験を思い出して（データベース、つまり記憶である）、さらに今の作業、今の自分の状況、道具の有無、仲間の有無などの要素を加味してシミュレーションするのである。記憶の発達とそれに伴う予測力があきらめを強力にする起爆剤になったのだ。これは大変な進歩である。行動する前に、その作業が自分に可能かどうか、エネルギーを注ぎ込むだけの価値があるかを判断する、つまり試行錯誤に要するエネルギーまでも節約できるからである。私たちは、見るからに無理なものには挑戦しようとも思わないし、それが大切だとも感じない。この進歩のおかげで自分の能力に応じた課題に必要なエネルギー

あきらめのプログラム
第三世代
図4
これならやれるし
皆が満足!!
作業をシミュレーションして
適切な目標を選べる。
ひとつのやり方に固執。
⇓
早い段階でのあきらめ(次の手を考える)
⇓
新たな方法を
身につけられる。

を注ぐことができるようになったのだ。（図4）

第三世代の貢献はそれだけではない。

生命進化のサバイバルゲームの鍵は、〝エネルギーの保存〟と〝環境変化への適応力〟である。

あきらめのプログラムは「エネルギーの無駄遣いを避ける」ということだけではなく、私たちの適応力を上げることにも重要な役割を果たしていたのだ。

あることをあきらめる。それは次の手段に移るためのエネルギーを残しておくプログラムだが、結果的に、私たちに生き残るための多くの方法を編み出させ、習得させてくれた。もし私たちにあきらめがなかったら、いまだに原始時代の非生産的なやり方に固執していたであろう。そのやり方が新しい環境になじまなくなっていたとしても、すぐに適応するのは難しい。何らかの偶然の結果、新しいやり方が生まれるまで待つしかないからだ。

いっぽう第三世代のあきらめのプログラムは、あるやり方の費用対効果が思わしくないと判断すると、それをやめ、命をかけて次の案を模索する。過去のデータを調べ、新たな方法を提示する。偶然の結果新しい方法が見つかるのではなく、頭の中での試行錯誤を経て代替案にたどり着くのだ。費用対効果が思わしくないという認識が、即方法の改善に結びつく。つまり人の改善能力は、これまでの方法を〝あきらめる〟作業（費用対効果が悪くなっていると認識する作業と、それを捨て、新しい可能性にエネルギーを注ぐ作業）を含んでいるのだ。この結果人は様々な技術を身につけ、環境の変化にもついていけた。
こうやって見てみると、人類の進化はあきらめのプログラムのおかげともいえるだろう。

現代人にとってのあきらめのプログラム

進化の中でのあきらめのプログラムの意義はわかった。では現在に生きる我々にとって、あきらめのプログラムはどのような意味を持っているのだろう。私は、このプログラムのおかげで、〝自分〟というものの輪郭がはっきりしていくのだと考えている。

やめることができるおかげで、次の作業にエネルギーを充当できる。その作業を繰り返すと、自分に合った生き方が洗練されてくる。そしてそれは、他人とはおのずと異なってくる。

昨今、私のカウンセリングでも「自分がわからない」という人が増えている。つまり、アイデンティティの危機というわけだ。

自分がわからないというのは、乱暴に言うと「自分が他人とどのように違い、その特性をどう活用して社会に貢献すべきなのかがわからない」ということだ。「自分という個性が社会（周囲の人）から何を望まれているのかわからない」と言い換えても良い。

社会に必要とされたいという欲求は、仲間同士助け合うという意味からは〝種の保存の欲求〟である。また、ある分野で自分しか社会に貢献できない状態（つまり希少価値）になればなるほど、社会からも大切にされ、自分自身も生きていく可能性が高まることからは、〝個の保存の欲求〟でもある。

だから、我々はある年齢になり社会的な関係を感じると、自分の役割（アイデンティティ）が気になってくる。

このアイデンティティの基礎は、自分とはどのような能力があり、他人とどう違うのかを自覚することから始まる。

日常生活の中で様々なことにトライし、あることについては成功し、他のことについては失敗する。その試行錯誤を通じて自分の能力、集団の中での役割や地位が次第に明確になっていく。役割が決まれば自分が行動すべき（努力すべき）方向性が見えてくる。このような作業を通じてようやく、他人と違う〝自分〟が自覚されてくるのだ。

だから〝自分らしい人生〟というテーマにとって、「あきらめ」は「成功」と同様に必要不可欠な要素なのである。

あきらめは一般的に否定的イメージで捉えられてしまうので、あきらめを積み重ねて自己が形成されるなどと言うと、どうしても敗北感あふれる人生を想像するかも知れないが、そうではない。挑戦を繰り返すことにより、その結果が蓄積され、自分なりに「できるところ、できないところ」、自分の長所短所、可能性と限界が次第に明確になるのだ。

この作業がしっかりしていると、自分にこの課題ができるかどうかが正しく予想できるようになる。通過するトラックの前を横切ろうとするとき、「いける」と思って行動を起こしてしまうが、その予測が誤ることもある。幼い子どもなどはこの能力が十分でないので、危ない経験をすることが多い。

このように、ヒトが生き残るためには、経験を積んで自分の能力を正しく認識することが必要なのだ。このとき、できることだけでなく、できないことを知ることも同じように重要であることを忘れてはならない。あとで触れるように、できないことを知るのはいやな作業だ。しかしこれを知らないと、無駄なエネルギーを使う作業を避けられない。また、できないことなど知りたくないと思う人でも、できることを見つけるためには、何事にも挑戦することが大切で、その結果、できないことの認識も自然に蓄積されてゆく。

挑戦を続ける段階で、あること（A）をあきらめたとしよう。その結果、その他のこと（B）にエネルギーが向く。（B）に努力を注いだところ、自分に合っていて他の人よりもうまくできる。更に努力を注ぐと、うまくできる人の中でも自分がどれぐらいのレベルにあるかがわかる。このように自分の能力が集団の中でどれぐらいにあるのかを知ることが、とても大切なことなのだ。それによって、自分が集団の中で生きる道（最も集団に貢献でき、そのために集団からも大切にされる自分の活動方法）が決められるのである。

ある少年は、サッカーにあこがれた。幼いころからサッカー関係の情報を集めまくった。中学に上がりサッカー部に入るが、自分は体力的にレギュラーにはなれないと感じるようになった。しかし彼は頭脳には自信を持っていた。パソコンやカメラを駆使して情報処理をするのも得意だった。

彼は2年生の秋、自らマネージャーになることを宣言した。それ以降彼は、プロのサッカー選手たちのフェイントやドリブルの映像をパソコンに取り込み、選手にイメージトレーニングをさせたり、対戦校のデータを分析し作戦を立てたり、新しい筋肉トレーニングを取り入れたりと、チームのためにがんばった。そんな彼の知識とアイディアは、チームになくてはならないものになり、試合でピンチになるとメンバーが彼の指示を待つようにさえなった。

3年生最後の試合の後に開かれた懇親会で、彼はレギュラーと同等の扱いを受けて誇らしげだった。

いま、その彼は高校2年生になった。将来はプロのトレーナーになろうという希望をもっている。そのために体育専門の大学を目指して勉強中だ。

この少年のように、あることに対するあきらめは、決して敗北ではない。そうではなく、もともともって生まれた自分の能力を最大限に生かす場を探すための、一つのステップなのであり、このプログラムのおかげで、ヒトは自分の生存に必要な行動のバリエーションを広げられてきたし、変化する状況にも対応できるようになったのだ。

神がDNAを操作し、様々な体格、能力、性格の人間をつくり出したのは、激変する自然環境に種類の多さで対応させようとしたからだ。

だから、もともと画一化された価値観に全員が縛られていたり、全員が同じ能力を持っていたり、同じ目標を持っていたりすることは、自然に反する。

あきらめることにより、自分らしさが鮮明になる。他人と違うということは、多様性によって生き延びようとした自然の摂理に合致する。

何かがうまくいかないとき、それは自分自身の能力を知るチャンス。がんばりが足りないだけではなく、その分野ではがんばれない、自分には向かないというあきらめのプログラムが発動しているということを知る必要がある。一応がんばってみるけれど、ダメージが大きくならないうちに止める。

つまり、あきらめはみじめな敗北ではなく、それは「自分は納豆が嫌いだ」というだけのことなのだ。自分にはあることが合わない、という学習をしただけなのである。そしてそれをベースに、「では自分に合う（好きな）食べ物をもっと探そう」という行動に移れる。その繰り返しで、やっと自分の好物にめぐり合うわけだ。

また、あきらめは消極的プログラムではなく、積極的に人生を生きるためのプログラムでもある。（自分に合う）おいしいものが与えられるまでずっと待っていたり、あるもので我慢し続けるスタイルではなく、ひとつがダメなら次のものを探していくという非常にポジティブ（能動的）な生き方の中心的なプログラムなのだ。

このように、あきらめのプログラムは、本来私たちを守ってくれ、エネルギーの無駄遣いを抑え、進化を促進し、集団の中での自分たちの地位を教えてくれるプログラムである。

ところが、このプログラムが持つ様々な能力が、現代社会という環境の中で、本来の働きをしなくなった。というより、我々現代人の生活をかえって窮屈なものにしてしまっている。

本来は優れもののプログラムが、その発動のタイミングと程度を間違えて発動してしまう。

これを私は「誤作動」と呼んでいる。

あきらめのプログラムの誤作動について詳しく考えてみよう。

chapter 3

第三章

あきらめのプログラムの誤作動

あきらめを、その人が現在持っているエネルギーとの関係で考えてみよう。

エネルギーが十分なときは、どんな選択肢をとってもやっていける。これまでどんなに時間と労力をかけたものでも、他の方法に乗り換えたほうがよければ、そうすればいい。その方法でもダメだったら、また乗り換えれば良い。いろいろ巡って、また最初の方法に戻ることもできる。つまりエネルギーが十分のときは、気楽にあきらめられ、最適の方法を求めることができる。

ところが、エネルギーが枯渇し始めるとそうはいかない。

一回の乗り換えは、最後の力を振り絞って行う大転換だ。それで失敗したら、本当にすべてのエネルギーを使い果たしてしまうかもしれない。つまり生死をかけている。一方、今の方法はいろんな問題点や苦しさはあるものの、何とかやっていける、やってこられた方法である。これを捨てて新しい方法に乗り換えるのは、最後の燃料しかない今はとても怖いことになる。それより、現在の方法の苦しさに耐えて、このまま進んだほうが良いと感じてしまう。

この観点で現代人のあきらめを見てみると、まさに誤作動という感じがしてくる。

先の事例で見たほとんどのケースが、まだまだエネルギーがある段階であるにもかかわらず、あきらめることができなくなっている。それをあきらめるのは、本人にとって、まるで人生（命）をかけたことをあきらめるような苦痛を伴う。

例えば、失恋をしたときの苦しさは、他の人にとってみれば、「世の中の半分は女性なんだぜ」などということになるが、失恋したことで自分の命を絶ってしまいたいほど苦しむ人も多いのだ。

これは、一つの失敗（あきらめ）を全体のあきらめとしてしまうケースである。

別にそのことで失敗しても、それでその人の人生が終わるわけでも、その人の人格が否定されるわけでも、今後の可能性が閉ざされるわけでもないのに、絶望を感じてしまうのだ。そして自分で自分に〝ダメ人間〟という烙印を押してしまう。

その結果自信を失い、もう戦うことをやめてしまったり、世の中を斜めに見てしまったり、すねてみたり、投げ出したりしてしまったりする。もったいないことだ。まだまだ十分に戦えるのに、たった一つのあきらめで、人生全体をあきらめてしまうのだから。

あきらめのプログラムは、生きるための大切なプログラムだ。ところが、その活動のタイミングやきっかけが異なると、逆に私たちの人生の可能性をせばめてしまうことになる。私はこれを「あきらめのプログラムの誤作動」と呼んでいる。

さて、今本書を手にしているあなたの場合を考えてみよう。

あなたは、なんらかのことをあきらめようと思っているかもしれない。しかし、なかなか吹っ切れないでいる。

どうしてこのような事態になってしまったのだろう。

あきらめのプログラムが誤作動し始めているのかもしれない。

そこでまず、どうしてこんなにもあきらめるのが難しいのかについて考えてみよう。誤作動が生じる原因をもう少し詳しく知ることは、誤作動を防止するために大事な一歩となる。

生命エネルギー保存の法則

〝生命エネルギー保存の法則〟

これは、中学のころ理科で習った〝エネルギー保存の法則〟をもじって、筆者がかってにつけた法則である。本来のエネルギー保存の法則とは、物質がその状態を変えても、総体としてのエネルギーに変化はないというものだ。例えば、なべの水を火にかける。お湯になったので火を止める。火のエネルギーはお湯のエネルギーに変わった。水のエネルギー＋火のエネルギー＝お湯のエネルギー。その場所や状態が変わっても、全体でみればエネルギーの総和には変化がない。これが物理のエネルギー保存の法則である。

これに対し、〝生命エネルギー保存の法則〟は、人は生きるためのエネルギーを使うことについて、とてもシビアにコントロールしているということを言っているだけだ。言い換えれば、「人はエネルギーを使うことをとても嫌っている生き物だ」ということになる。エネルギー保存という言葉の響きのイメージから安易に発想したネーミングなので、「生命エネルギー保存の法則というのは、物理学的にはおかしい」などと、鋭い突っ込みを入れないで欲しい。

ネーミングはうけ狙いだが、この法則自体は我々の行動に大きな影響を及ぼしている重要なルールなのだ。

いつでも食に不自由しない現代の日本人には、生命エネルギー保存という感覚があまりない。しかし、原始人は通常、飢餓状態の中で生活していた。もし次の作業を行うためエネルギーを使いすぎたら、原始人は動けなくなって死んでしまうかもしれないのである。

それはまるで、お掃除ロボットが電池切れ間近で災難にあった、あの状態である。

例えば、原始人がここ数日でウサギ1匹しか口にしていないとしよう。それでも獲物を求めて行動してしまうと、消耗して体力も落ち、やがては死んでしまうかもしれない。その場合、美味くはないが、より楽に手に入る芋掘りや木の実探しをしたほうが、生き延びる確率は高くなる。

このように、原始人にとって少ないエネルギーで何をするかは、命にかかわるとても重要な選択だった。だから、貴重なエネルギーを決して無駄遣いしたくないという強い欲求をもったのである。これが〝生命エネルギー保存の法則〟だ。

それはまるで生命のぎりぎりの状態でのバトンタッチだ。飛行機の燃料切れ間近の状態と言ってもいい。車のガス欠ならそこに止まるだけだが、飛行機の燃料切れはすべての終わりを意味する。だからパイロットは残りの燃料に非常に気を使う。私たちの体に染み付いている残りのエネルギーに対する危機感は、まさにそのような危機感なのである。

飽食の現代人にも、このＤＮＡは引き継がれている。そのような食べられない状態のほうが、人類にとっては当たり前だという事実はまだ変わらないからである。つい50年前の戦後の苦しさを覚えている人も多いはずだ。

しかし、現代は少し様相が変わってきている。私は今年45歳になるが、正直言ってこれまで〝飢えた〟経験はない。50歳より若いほとんどの人がそうだろう。現代人にとっては、取り入れたエネルギーをいかに消費するかというダイエットが関心事項ではあっても、飢えを前提とした状態はイメージしにくくなっている。

だが、そんな我々にも生命エネルギー保存の法則はしっかり残っていて、体は現在でも1週間後の飢えに対処しようとしてしまうのだ。人間の体は余ったエネルギーを次の飢餓状態に備え、できるだけ体に取り込もうとする。冷蔵庫のない時代、たまたま獲れた獲物の肉をエネルギーとして長く利用するには、自分の体に脂肪として取り込む方法が最善だったのである。それが私たちが太る仕組みなのだ。

ところが現代、太ることは外見の問題だけでなく、健康を損ねる原因にもなっている。もともとはヒトが〝生き残るためのシステム〟が、現代人を苦しめているのは皮肉な感じがする。エネルギー保存の法則は、私たちの体だけではなく、私たちの感情や思考パターンにも大きな影響を与え続けている。

先に述べたように、私たちは、むだな仕事ややりがいのない仕事をさせられていると、とても苦しく感じる。その苦しさも、生命エネルギーに敏感なヒトの性である。聞いた話ではあるが、最もつらい刑罰は、ある場所に穴を掘らせて、それが終わるとその穴を埋めさせ、また同じ所に穴を掘らせるという作業を延々と続けさせるものらしい。この、まったく意味のない作業を続けて生命エネルギーがどんどん消耗される恐怖や怒りは、通常の人には絶えられない苦痛になる。（図5）

エネルギー保存の法則とあきらめのプログラムの関係

我々がヒトの行動を考えるとき、この生命エネルギー保存の法則を無視しては、十分に理解できない。

もちろんあきらめについても、そうである。

生命エネルギー保存の法則は、常に「いまは、エネルギー危機だぞ」という指令を発している。あることを止めるか、続けるかの重要性が過大に感じられ、とりあえず今のまま（なにかを続けている状態）を維持してしまう。

事態が重大であればあるほど、方向変換に伴うリスクは大きくなるからだ。

また、その不安がそれほど強くない場合も、もったいない感覚が大きくなり、行動をやめられなくなる。ここまで金と時間をかけたのだから、見返りがないまま他の作業に移るのは費用対効果が悪いと判断するのだ。これも今をエネルギー危機と感じて対処してしまう生命エネルギー保存の法則のせいだ。本当は、まだ余裕があるのに、焦ったぎりぎりの対応をしてしまう

図5

生命エネルギー 保存の 法則
生命エネルギー保存の法則
エネルギーは底をつき、時間は有限だぞ。けっしてムダにするな。
食べたものは脂肪としてためておけ。
新しい事に簡単に とびつくな。これまでの方法で、なんとか生きてこられたぞ
ムダな仕事をするな。
できるだけなまけろ。食っちゃ寝ができればそれが一番。
他人の仕事はするな。

のだ。

もちろん、生命エネルギー保存の法則は、人類が生き延びるためには大切な法則で、それだけ取り出せば大変合理的でもある。しかし現代社会を見てみると、この法則に縛られて（あきらめきれず）、人々はギャンブルにはまり、先物取引で失敗し、結婚詐欺に引っかかる。

現代人のあきらめの悪さは、基本的にはこの生命エネルギー保存の法則の影響を受けていると考えていいだろう。

ところが、それだけでは現代人の「あきらめのプログラムの誤作動」について、十分な説明とはいえない。

私たちは、他のことについてはあっさりあきらめられても、ある特定のことについてひどくこだわってしまうことがある。

あるいは、いったん始めたことをなかなか止められないことや、現状に満足しない、過去の出来事や事実を受け入れられない、などで苦しむことがある。これらはすべてあきらめのプログラムの誤作動である。

これから、これらの誤作動の細部について考察していくことにしよう。

❖──あきらめの天秤が動きにくくなっている

▼あきらめの天秤

もう一度、頭を整理しておこう。

あきらめとは、本質的には、費用対効果のバランスによって発動する。効果というのはある行為を続けることによって得られるものだ。費用とはそれに伴う代償であり、例えば水を得るために穴を掘るばあい、効果は水、費用は労働であり時間であり金である。

今水が欲しい。そこで水を求めて穴を掘る。しかし、掘っても掘っても出てこない。貴重なエネルギーをだいぶ使ってしまった。これ以上掘っても、エネルギーを使うだけだ。それよりは他の作業（例えば川や泉を探す、他の人から水を分けてもらう等）に活路を見出したほうがいい。そこであきらめて、掘る作業を止める。（図―6）

このように本来、あきらめは単純だ。

しかしこの単純な図式は、あきらめのプログラムの初期段階の図式である。進化したあきらめのプログラムでは、問題はそれほど単純ではない。つまり、行動を起こす前、あるいは行動中も常に〝作業の進捗見通し〟と〝自分の能力（イメージ）〟を未来のあきらめの天秤にかけているのである。つまりこの天秤によって、自分の力でこの作業をやり遂げられるかどうかという見通しを立てる。その見通しが否定的であれば、その時点で作業を中止する。それによって、実際に作業をやり続けた結果無駄にする（はずの）エネルギーを節約できる。

逆に、傍から見て非常に効率の悪い作業のように見えても、本人ができると感じ、その見返りに非常に大きい期待を持っているとすれば、あきらめの天秤は作動せず、その活動を継続す

図6

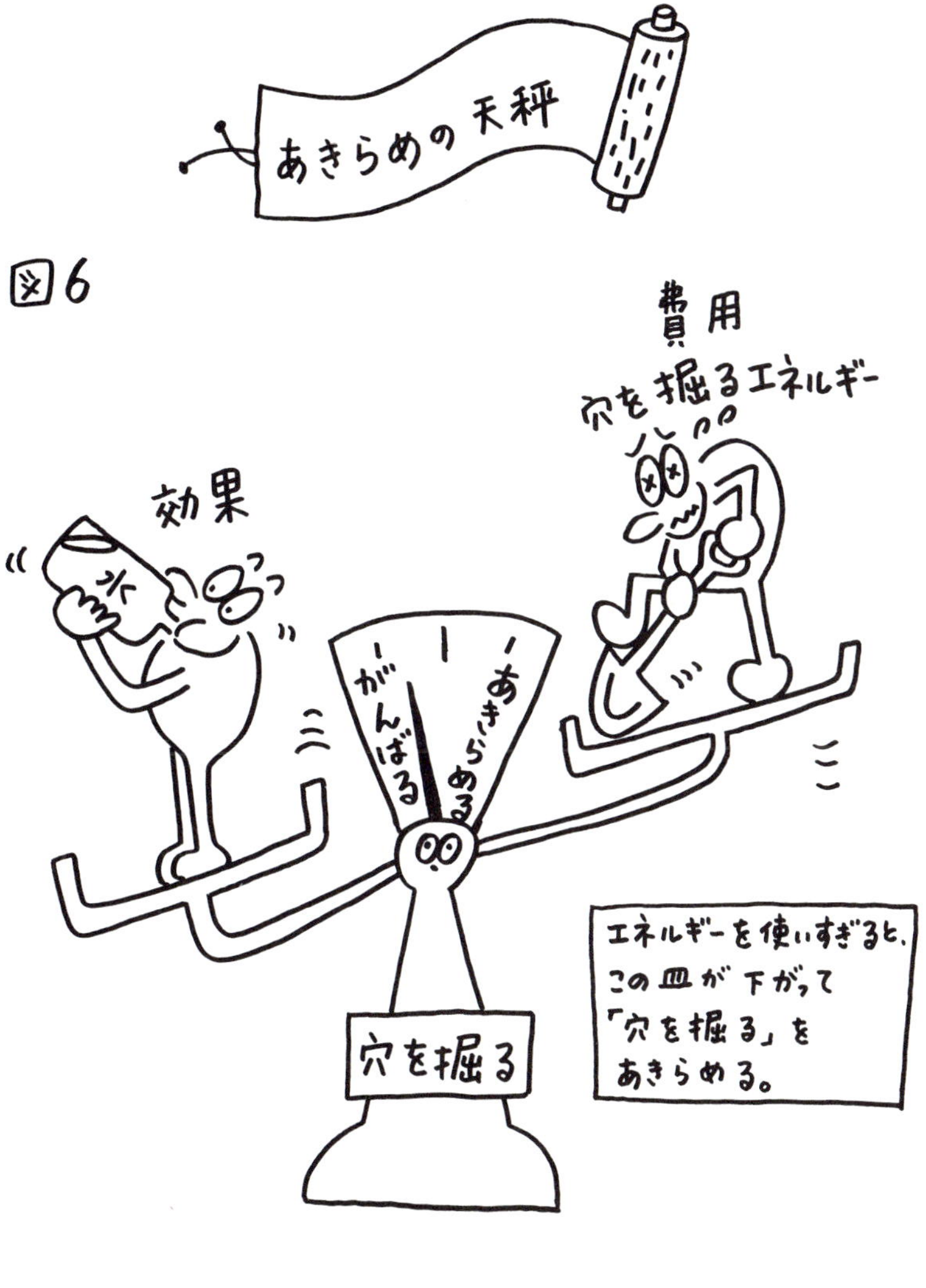
あきらめの天秤
費用
穴を掘るエネルギー
効果
水
がんばる
あきらめる
穴を掘る
エネルギーを使いすぎると、
この皿が下がって
「穴を掘る」を
あきらめる。

るだろう。

さて、このように未来のあきらめの天秤を動かすための重りにはどんなものがあるのだろうか。（図7）

その出来事の重大さ（イメージ）

出来事が重大であればあるほど、あきらめの天秤は働きにくくなる。簡単なことならすぐにあきらめる。

他の手段の有無（目標）やその達成の可能性（イメージ）

他に同じような効果を得られるものがあるとすれば、今の作業をあきらめることができる。また、他の手段の魅力が大きい場合（簡単、見返り大）は、今の作業をあきらめやすくなる。

つぎ込んだエネルギーや時間（イメージ）

これまでその作業につぎ込んだエネルギーや時間が多いほど、あきらめることが難しくなる。

残されたエネルギーや時間（イメージ）

残されたエネルギーや時間が少なければ少ないほど、あきらめることが難しくなる。

行動（生活／継続）に伴う苦しさ（イメージ）

今の作業を継続するのに伴う苦しさが大きくなればなるほど、あきらめる可能性が高くなる。

見返りの大きさ（イメージ）

今の作業を継続することによって予想される見返りが、大きければ大きいほどあきらめない。

自分に対する自信（自分の能力に対するイメージ）

図7

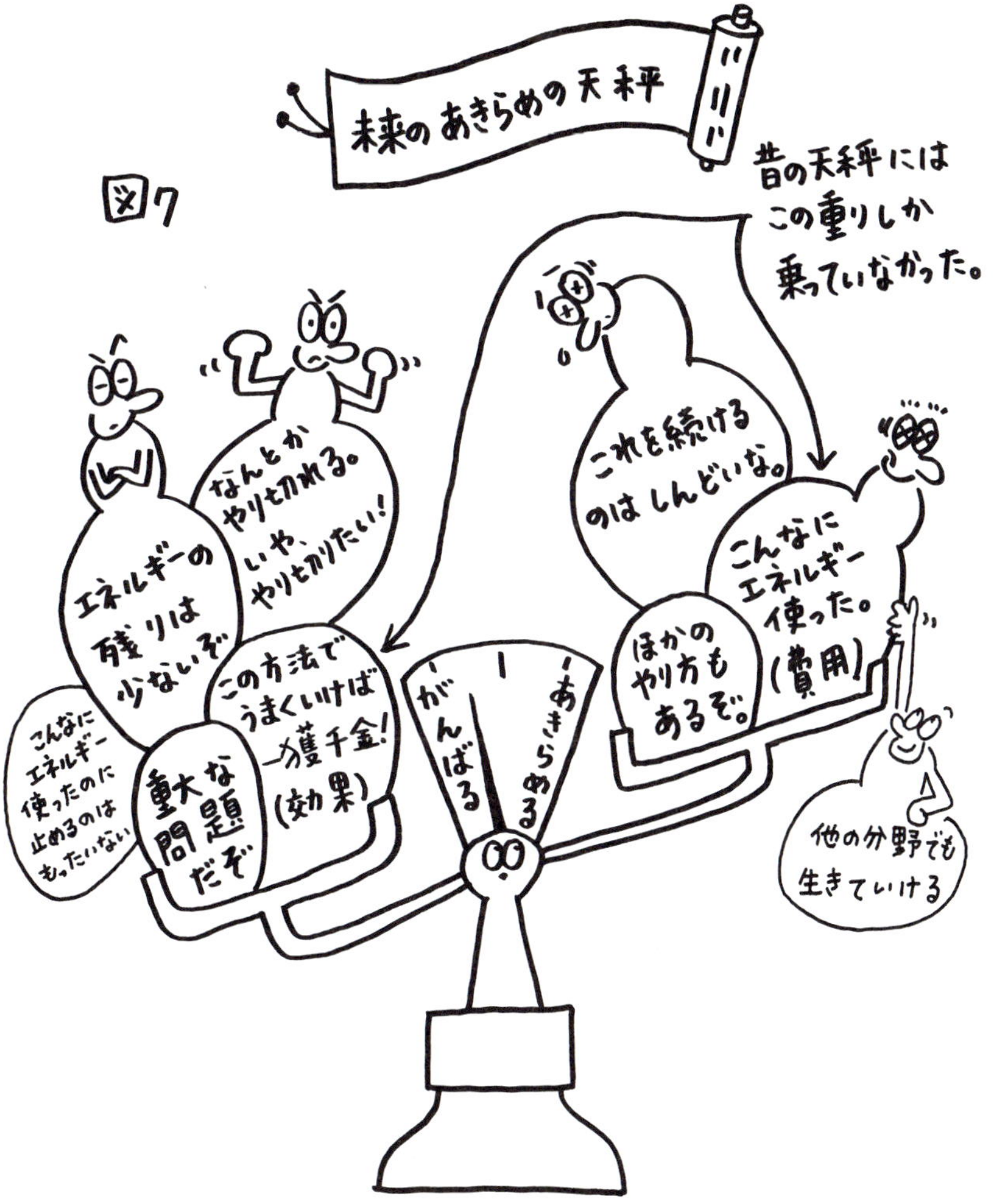

未来のあきらめの天秤
昔の天秤にはこの重りしか乗っていなかった。
なんとかやりきれる。いや、やりきりたい!
エネルギーの残りは少ないぞ
こんなにエネルギー使ったのに止めるのはもったいない
重大な問題だぞ
この方法でうまくいけば一攫千金!(効果)
がんばる
あきらめる
これを続けるのはしんどいな。
こんなにエネルギー使った。(費用)
ほかのやり方もあるぞ。
他の分野でも生きていける

自分が（今の課題を）できると感じれば、あきらめない。それをあきらめても他で何とかやれる自分であるという自信があれば、あきらめやすい。

どうやらあきらめのプログラムの誤作動を起こしているのは、これらの〝未来のあきらめの天秤〟に乗っている重りのせいらしい。

もしそうであれば、それぞれの重りについて深く考えていけば、私たちのあきらめにくさの原因を知ることができるだろう。

ところが、またまた回りくどくて申し訳ないが、事態はそんなに単純ではないのだ。

実は、「苦しみのプログラム」と「幸せのプログラム」があきらめの天秤の動きに大きな影響を与えているのだ。

そこで次章では幸せとあきらめの関係について考えてみたい。

というのも、私たちの目的はあきらめることではなく、幸せになることなのだ。幸せという大きな目的のために、あきらめがどういう意味を持つのかを理解して、初めてあきらめの活用法がわかってくる。

第四章 *chapter 4*

幸せと夢とあきらめ

幸せとは何か

▼人はどんなときに幸せを感じるのか

私はよく講義のときに次のような質問をする。
○我々は、どんなときが幸せだろうか。
食べているとき、寝ているとき、お風呂上り、恋人といるとき、ゴルフをしているとき特にドライバーがいいとき、プレゼントをもらったとき、釣りでヒットした瞬間…
○どんなときが充実していたか。
試験勉強のとき、試合に向けてスポーツのトレーニングをしているとき、仕事がうまくいっているとき、休みの日にいろんなところを回れたとき…
○充実しているときは幸せではなかったのか。
幸せだった。


このように、いろんな瞬間で幸せを感じているが、どうやら大きく分けて幸せには二つの種類があるようだ。

一つは、その瞬間瞬間に感じる幸せ、〝刺激・快感系幸せ〟とでも呼べるだろう。

おいしいものを食べた。ボウリングでストライクを出した。遊園地で遊んだ。そんな楽しい体験に付随する幸せだ。

もう一つは、〝じわり系幸せ〟とでも言おうか、冬のコタツで家族に囲まれてテレビを見ながらみかんを食べているとき、一仕事終えて同僚と赤提灯で一杯やっているとき、学園祭のためにみんなで毎日一生懸命準備しているときなど、特に大きな快感の刺激がないのに、じわりと感じてくる幸せ感だ。


ところで、どうして人は幸せを感じるのだろう。幸せを感じることにどんな意味があるのだろう。私は長い間クライアントと付き合ってきて、クライアントを幸せにしたい、というよりクライアントの不幸せな状態をすこしでも改善してあげたいと七転八倒してきた。

そうして、様々なクライアントの人生に触れながら、幸せ不幸せという問題を考えているうちに、幸せの仕組みというか、メカニズムに気がつくようになったのだ。

そこで、まずそれを説明しておきたいと思う。

まず、刺激・快感系の幸せだが、これはさらに二つに分かれる。

▼苦しみからの解放による幸せ

刺激・快感系幸せの一つ目は、苦しみからの解放に伴う幸せ（快）である。

快は、実は苦とペアで動いている。そこで、快つまり幸せを語るには、まず苦を知る必要があるのだ。

私は、『人はどうして死にたがるのか』という本で、苦しみのプログラムというものを説明した。ここで少しおさらいしておこう。

苦しみのプログラム

ヒトは、動物として複数の欲求を持つ。ヒトの命を維持させるには、水が必要で、食料も必要で、安全を確保する棲家や、寒さをしのぐ衣服も必要である。これらは自分が生き残るためになくてはならないものだ。

さらに人は、異性を求めて性交により子孫を残そうとする。動物の体は、DNA（遺伝子）を運ぶ箱舟のようなものだといわれている。いろんな動物が、性交し子孫を残すことを最終目的として、そこで命の火を終わらせる。そう考えると、動物が自分の命を大切にするのも、生き延びることによって、性交のチャンスに到達するためのようにも思える。

このように、ヒトは水、食料、安全、性などの複数の欲求を持つのだが、残念ながら、ヒトの体は一つしかない。

そこで神様は、複数の欲求から最も生命維持に危険性があるものを適切に（一つ）選び、行動に結びつける機能をヒトに与える必要があった。といっても、これは進化の中で、まだヒトに達していない、おそらく爬虫類などの時代に与えられたものだと思う。

神が与えた仕組みとは、今の私たちの理解を持ってすれば、爬虫類の脳というコンピューターに書き込まれたプログラムと考えることができるだろう。私はこのプログラムを苦しみのプログラムと呼んでいる。（図8）

図8

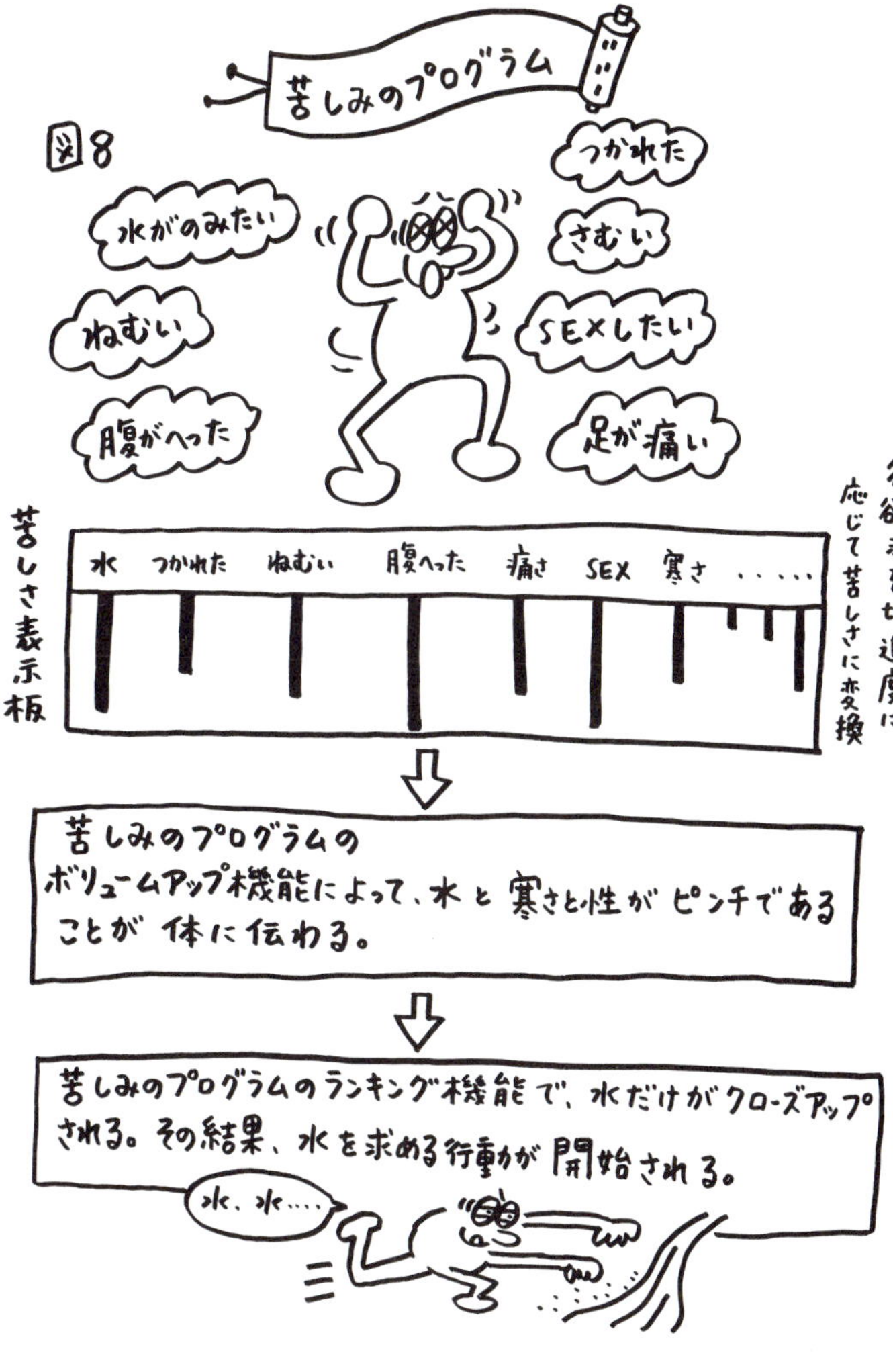
苦しみのプログラム
水がのみたい
ねむい
腹がへった
つかれた
さむい
SEXしたい
足が痛い
苦しさ表示板
水　つかれた　ねむい　腹へった　痛さ　SEX　寒さ　……
各欲求を切迫度に応じて苦しさに変換
苦しみのプログラムのボリュームアップ機能によって、水と寒さと性がピンチであることが体に伝わる。
苦しみのプログラムのランキング機能で、水だけがクローズアップされる。その結果、水を求める行動が開始される。
水、水……

まず苦しみのプログラムの基本形は、欲求の切迫度に応じて、その苦しみを大きくすることだ（苦しみのボリュームアップ機能）。苦しくすることで、宿主がその欲求を満たすための行動を取るように働きかける。

例えば、痛み。痛みは天然のギプスだ。

医療のない太古の時代、もしあなたが足をけがしたとしよう。

現在ではギプスをはめて、その部位を動かさないようにする。ところが原始時代にはそんなしゃれたものはない。それで神様は、あまり脳の発達していない、だから1ヶ月後の自分を想像して、今はおとなしくしておくということのできない患者（原始人）に、痛みという強力なギプスを与えてくれたのだ。動かすと痛い。だから動かさない。単純だ。動かしていいようになったら、痛みも治まる。

負傷の程度がひどければ、絶対動かさないように痛みは大きくなる。

ある程度の負傷であれば、痛みもそれなり。耐えながら動かすこともできる。

原始時代には、包帯をして寝ていれば食事が運ばれてくる病院があるわけではない。けがをしても動ける範囲で動かなければ、死んでしまったかもしれない。負傷の度合いと、動ける可能性を自然にコントロールしてくれるのが〝痛み〟だったのだ。

痛みも苦しさの一種だ。

他の苦しさも痛みと同じように、その欲求が強くなれば（生命維持に重大な影響を及ぼす領域に入ってくれば）、苦しさが大きくなる。そして一つしかない体を動かしてその欲求を満たすための行動が始まるのだ。例えば、水が体の中に不足し危険な状態になれば、水を求める行動ができるようになった。

これは、あたりまえのことのように感じるかもしれないが、非常に重要な機能である。もしこの苦しみのボリュームアップ機能がなければ、我々は自分の体に生じている深刻な不足に気がつかない。苦しみは、生命維持や生殖に必要なすべての要素を、常にもれなく監視し、その不足を感知し、それを宿主に知らせて行動を起こさせるシステムなのだ。

美浜原発でパイプが破裂する大事故があった。点検漏れをしていた個所だという。もし原発がこの苦しみのプログラムを持っていたら、点検の有無にかかわらず、パイプ内部の侵食による不調を感知し（苦しみ）、自身で活動をコントロールしたであろう。苦しみのプログラムというのはそれぐらい高度な働きをしているのだ。

それだけではない。

先にも触れたように、動物は複数の欲求を持つ。時には、というより原始時代にはいつもそうだっただろうが、複数の欲求が同時に切迫してしまうこともあるのだ。例えば、水は欲しい。しかしもう何日も食べていない。そこに魅力的な異性が現れた。でも、ここは以前熊に襲われた場所だ…。

欲求はたくさんあっても、残念ながら動物の体は一つだ。そこで、いくつかの欲求があるときに、行動する体は一つしかないという現実にあわせるために、苦しさの大きい順に、欲求を並べる必要があったのだ。つまり、苦しみのランキング機能だ。

ランキングできると、最も上のものから一つずつ欲求を満たす行動を取っていけばいい。これは、優れもののプログラムだ。きっとアトム型のロボットを作り、自給自足のシステムを組み込もうとすれば、結局この苦しみのプログラムを組み込まなければならないだろう。

アトムは、漫画の中でもいろんな苦しみを持っていたが、感情的な葛藤よりもまず、エネルギーが切れる苦しみ、部品が壊れる苦しみ、機械が作動しなくなる環境を察知する苦しみなどが最初にプログラムされることだろう。

苦しみからの解放の幸せの特徴

さて、幸せの話に戻ろう。

苦しみからの解放に伴う幸せ感には、三つの特徴がある。

〈苦しくないと、快はない〉

快は苦しみとペアであるといった。

快は、苦しみのプログラムの「欲求の不足を宿主に伝え、行動を起こさせる」という基本機能に関係している。ある欲求が満たされない状態では苦しさを、満たされた瞬間には快を感じるようにしたのだ。苦と快が協力することで、宿主の行動をコントロールするのがたやすくなる。

さらに、快はいわゆる〝ご褒美〟の役割も果たした。つまり、たまたまうまく欲求を満たせたら、その場所を覚えていたり、相手を覚えていたり、方法を覚えていたりするようになったのだ。

苦しみを補完する形で生まれた快は、苦しみといっしょに働いてこそ意味がある。苦と快の楽差、すなわちコントラストが強調されてこそ、快も際立ってくるのだ。

欲求が満たされない状態が長ければ長いほど、満たされたときの快感は大きい。空腹のときにもらったおにぎりは、格別においしい。喉がからからなときは、ただの水が美味いこと。長いこと思いつづけていた相手とのセックスは、それこそしびれるものだろう。ビールを美味く飲もうと思えば、日中にスポーツをして、水分補給を控えればいいことを私たちは知っている（健康上は良くない行為だ！）。

しかし、この種の幸せには、一つ限界がある。

欲求が簡単に満足してしまう環境になってしまうと、苦しみも少なくなるかわり、同時に満足感（幸せ）も減ってくるのだ。快の頭打ち状態といえる。

生きていくのに支障がないというレベル（これを基本線と呼ぶ）を超えると、このような快の頭打ちが生じる。

生命維持のための最低限レベル以下の場合は、そこからの脱出が大きな快をもたらすが、もともと基本線以上にある場合は、欲求が満たされてもそれほど大きな快感はない。生死に直接関係しないからだ。

例えば、外気温がマイナスであれば、10度の部屋は極楽だろう。

しかし、10度の外気温に対し、15度の室内の部屋は、それほどありがたみを感じない。

苦からの解放による快は、基本線以下で感じやすい。逆にいうと、最初から楽に生きていける条件の人には、感じにくいという特徴があるのだ。


〈繰り返さないと、快はもたらされない〉

この特性は、快と不快の持続時間の差がもたらしている。

例えば人が、気温や湿度が高すぎる（低すぎる）、猛獣が近くにいる、危険なガスが充満しているなどのような生命の維持に不適切な環境にいるとしよう。

その人をそこから移動させるために、その環境にいる間は、苦しみのプログラムがずっと苦しさを与え続ける。このままでは危険だ、回避のための行動を起こせよと、苦しさが教えてくれているのだ。

その人が、その環境からもっと楽な環境に移動したとしよう。するとその瞬間に苦しみは消え、快を感じる。ところがその楽な環境というのは、そこから動く必要がない、つまり新たな行動を起こす必要がないわけだから、何の指令も必要なくなる。だから、快はすぐ消えてしまうのだ（快を感じるのにもエネルギーを使うのだ。つまり、「快」システムも不必要な働きをしたくないのだ）。（図9）

つまり本来人間は、快感より不快感を長く感じるようにできているのだ。

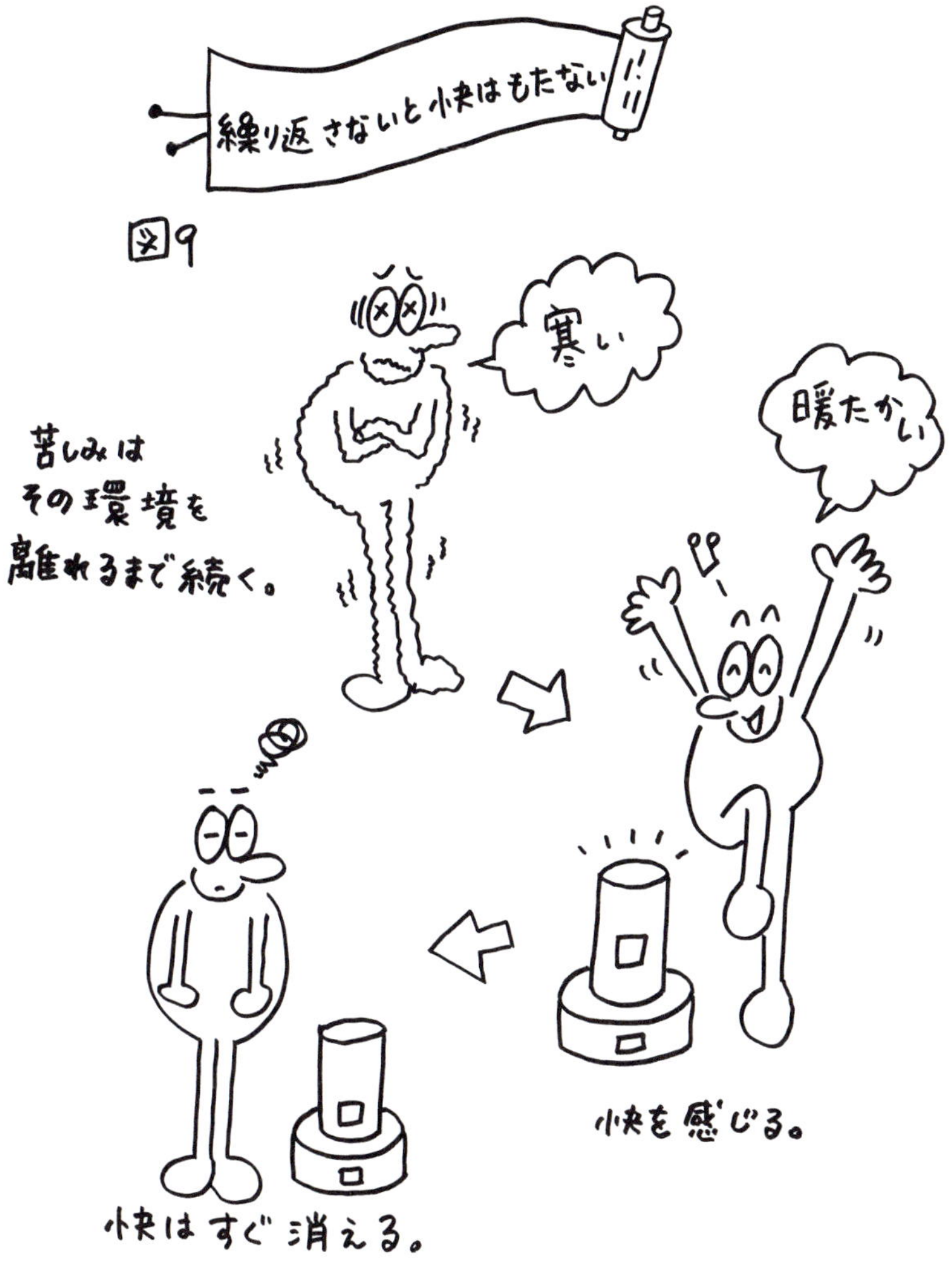
繰り返さないと快はもたない
寒い
暖たかい
苦しみは
その環境を
離れるまで続く。
快を感じる。
快はすぐ消える。

図9

だから、苦しみからの解放による快を感じ続けようとすれば、常に欲求の満足に至る行為を続けなければならない。

ちょうど、おなかがすく（苦）→食べる（快）→おなかがすく（苦）→食べる（快）のように、止まってはならないのである。

とすると、少し困ったことが生じる。食欲のように必然的に苦の状態が訪れるものは、快を得るために行動することができる。しかし、温度の場合はどうだろう。

我々はすぐに、ストーブのある部屋になれてしまい、快感を忘れてしまう。そこにいる間は、快は感じられない。もし、用事ができて外に出て、また部屋に帰ってきたときに、「うわ〜、あったかい」と快を感じることができる。

あなたが、もし温度による快を感じ続けたければ、一定の間隔で外に出て、苦しい状態を味わわなければならないのだ。


〈伸び続けなければ、快は減少〉

これには、「期待のプログラム」が関係している。

期待のプログラムは、偶然にも生命維持に良い状態が訪れた場合、次にもそのような可能性があることを覚えておくプログラムだ。何かをやるときの期待値、暗黙の目標といってもいい。

我々は、いったんある快感を得てしまうと、次からは同じものでは十分満足しなくなる。もし同じか、それを下回る刺激しかないと、不快を感じてしまう。ビールも最初の一口が一番うまいではないか。

あるNPOのボランティアが難民支援に行ったとき、難民の子どもに持っていたジュースを与えようとしたところ、現地の活動家から止められた。

「この子はジュースなんか飲んだことがありません。一度ジュースの味を知ってしまうと、ここで配給している水がまずく感じるでしょう。それはこの子にとって幸せではありません。だから、与えないでください」

ボランティアの人は、大変恥じ入ったという。

〝苦しみからの解放の幸せ〟の特性を大変よく表した話だった。

もし、我々がこの種の快を感じ続けようとすれば、常に不快を改善し続けなければならない。伸び続けなければならないのだ。そうでないと快はすぐに目減りしてしまう。


もちろんこれらの三つの特性は、基本線以上に生活のレベルを上げるために仕組まれたものだ。この三つの特性に基づき快を求める方向で活動しているうち、我々は生命維持に危険のない生活レベルを手に入れることができた。基本線以上とは、緊迫した苦しみがない状態であり、いつの世でも人類が求め続けていたものだ。

さて、基本線を超えたら、そこで終わりなのだろうか。

実はヒトが動物の中で優位を得たのは、基本線を超えることだけで満足しない性質を神から授かったからである。満腹でも、快適な温度でも、ヒトはそれで満足しなかったのだ。獲物を食べたら昼寝をしているほかの動物とは違うのだ。

そして、その行動を取らせるためにも快と苦が使われた。

だから我々人間は、基本線を超えてもまだ、快と苦にコントロールされてしまうのだ。

それが刺激・快感系の幸せのふたつ目、「刺激的な生活の幸せ」である。

▼刺激的な生活の幸せ

これまで説明したように生活が安定し、基本的な欲求が満足するようになれば、人は、苦しみからの解放の幸せを感じにくくなる。そこで次に人が求めるのは、刺激そのものである。

それは、金儲けであったり、音楽、ゲーム、読書、映画、恋愛、スポーツ、ギャンブル、ドラッグ、セックス、犯罪、様々な芸術…と多様な広がりをもつ。

その行為や物自体に刺激がある場合もあれば、その行為を通じて他人からの刺激（賞賛や報酬）を受ける場合もある。

いずれにしても、生きるための欲求にはあまり直接的に関係しているとは思えない。


これはどういう仕組みなのだろう。人はどうして刺激を求めるのだろう。

人には、興味のプログラムというものが備わっている。

人は、様々に変化する環境に自ら働きかけて、それを克服してきた。この原動力になったのが、興味のプログラムだ。比較的自分の安全に余裕があるとき、人は環境に働きかけたいという欲求が働く。自分の生活環境を少しでも改善したい、そういう欲求だ。そのために人には、ある程度の複雑さ、目新しさ、ある程度の危険性を求める性質がプログラムされた。

もし、あなたが、毎日何の変化もない退屈な毎日を過ごしているとしたら、きっと何かを始めたくなるだろう。

興味のプログラムが何かを始めろと指令を与える。これまでの環境、つまりこれまで慣れ親しんできた刺激では満足せず、新しい刺激を欲しがるのだ。そのときこれまでの刺激には〝飽きる〟という不快な感覚を持つ。

つまり人は、常に何かをやっていなければ落ち着かない性格なのだ。常に何か少し変わったもの、少し難しいもの、ちょっぴり危険なもの、そういうものを欲しがっている。

危険な登山やパラシュート降下、スタントアクションなどに夢中になっている人は、この興味のプログラムのうち、ちょっぴり危険なものに対する快を多く感じるようにプログラムされているのだろう。

いずれにしても、何もやることがないというのは、人にとってかなり苦しい状態だ。

各国のPKOで、最もつらいのは、この退屈感だといわれる。

派遣された当初は、マスコミや国民の関心も多くやりがいを感じている。ところが、時間がたつとそのような関心は薄れ、現地では特に毎日変わったこともない日々が続く。重要であり危険だけれども、変化がない毎日…、これが兵士を苦しめるのだ。

私たちの生活の中でも、このような〝飽きる〟ことによる幸せの目減りが生じることがよくある。幸せだけれども、毎日の変化がない。それが、人にとっては苦しさとなって返ってくるのだ。

例えば、毎日好きなことをして暮らしている人がいるとしよう。生きていくために必要なものはアルバイトしたお金で何とかなる。後は、やりたいときにやりたいことをしている。

しかし、そんな人でも〝幸せの目減り〟が起こってくる。

他人には、「なんて自由気ままな生活をしているのだろう」とうらやましく見えるそんな人生を過ごしながら、当の本人は「オレは本当にこれでいいのだろうか。何のための人生なのだろうか」という深刻な悩みを抱えていることも少なくない。

進化した幸せのプログラム

先に検討した、幸せな瞬間の充実した時間バージョンのことを思い出して欲しい。

例えば試験勉強をしているとき、その時期はかなり苦しかったはずなのに、いざ受かってしばらくすると、あの受験勉強時代がなんだかとても充実していたことに気がつくことがある。

「いつかはプロの選手」の夢を見ながら暗くなるまでボールを追っていた日々。コンクールでの入賞を目指し、寝食を忘れて芸術に取り組んでいたとき。友達同士、お互いの意中の人を打ち明けながら、どう告白しようかとはしゃぎながら過ごす放課後…。

いわゆるじわり系の幸せだ。

このじわり系幸せは、「幸せのプログラム」によってもたらされる。先に苦しみのプログラムのところで、苦と力を合わせて欲求を満たしていく快の存在を説明した。このように快を与えるのを担当するのが、幸せのプログラムである。じわり系の幸せは、実はこの幸せのプログラムの進化系なのだ。

苦と協力する幸せの快感は、先に見てきたように〝今〟の状態を反映している。ところが進化した幸せのプログラムは、その中心が〝未来〟にある。あきらめのプログラムが予測する能力のおかげで変わったように、幸せのプログラムも進化したのだ。

例えば今原始人が、水、食糧、安全、異性を求めていたとしよう。

苦しみのプログラムの〝今〟が中心の方法では、行きあたりばったりに最も欲求の高いものをつぶしていった。その結果、充足できない欲求もあっただろう。あまり効率の良いシステムとはいえない。

これに対し進化した幸せのプログラムは、未来を予測し、計画を立てることができる。まずAを求めつぎにB、そのつぎにC、最後にD。一つしかない体をどのように運用すれば効果的に複数の欲求を達成できるのかを、あらかじめ考えられるようになったのだ。しかし、単にスケジュールを組むだけではダメで、それが自分にとって実行可能かどうかという判断が必要になる。

進化した幸せのプログラムは、こうすれば生きていけるという計画をこの「自分にできるかどうか」という尺度から判断し、可能性があればそれを実行した。

つまり、計画と可能性がそろったときに、将来生きていけるという確率が上がるのだ。このとき人は、幸せを感じる。（図10）

この幸せは、その瞬間に欲求が満たされたことを示すものではないので、刺激・快感系のような強力なものではない。つまり「じわり」とした幸せ感だ。しかし、そのじわりとした幸せは、計画と可能性の認識が変わらない限り、安心感という快感を与える。

そしてそれは、その行動が順調に運んでいると認識できるたび、継続的に快を感じさせてくれる。


例えば原始人が、鹿を射止めたとしよう。今は、鹿の肉で腹がいっぱいだ。ところが、冷蔵庫のない時代、肉は1日か2日で腐敗を始める。つまり、鹿を食べられることは、今日まで生きてこられたことを意味しても、将来生きていけることを意味するわけではない。

これに対し、鹿の群れを見つけた、良い弓矢を手に入れた、仲間が増えたなどの成果は、将来鹿を捕まえられる可能性が高まる情報だ。鹿を捕まえられるという計画と可能性を基礎に、今の自分の行動がそれらを高める方向で進んでいることを認識するとき、原始人の心には、希望と安心と自信が生まれる。

それが「じわり系幸せ」だ。

先に見てきた事例のように、本来は苦しい時期であったにもかかわらず、あとで振り返ると

図10

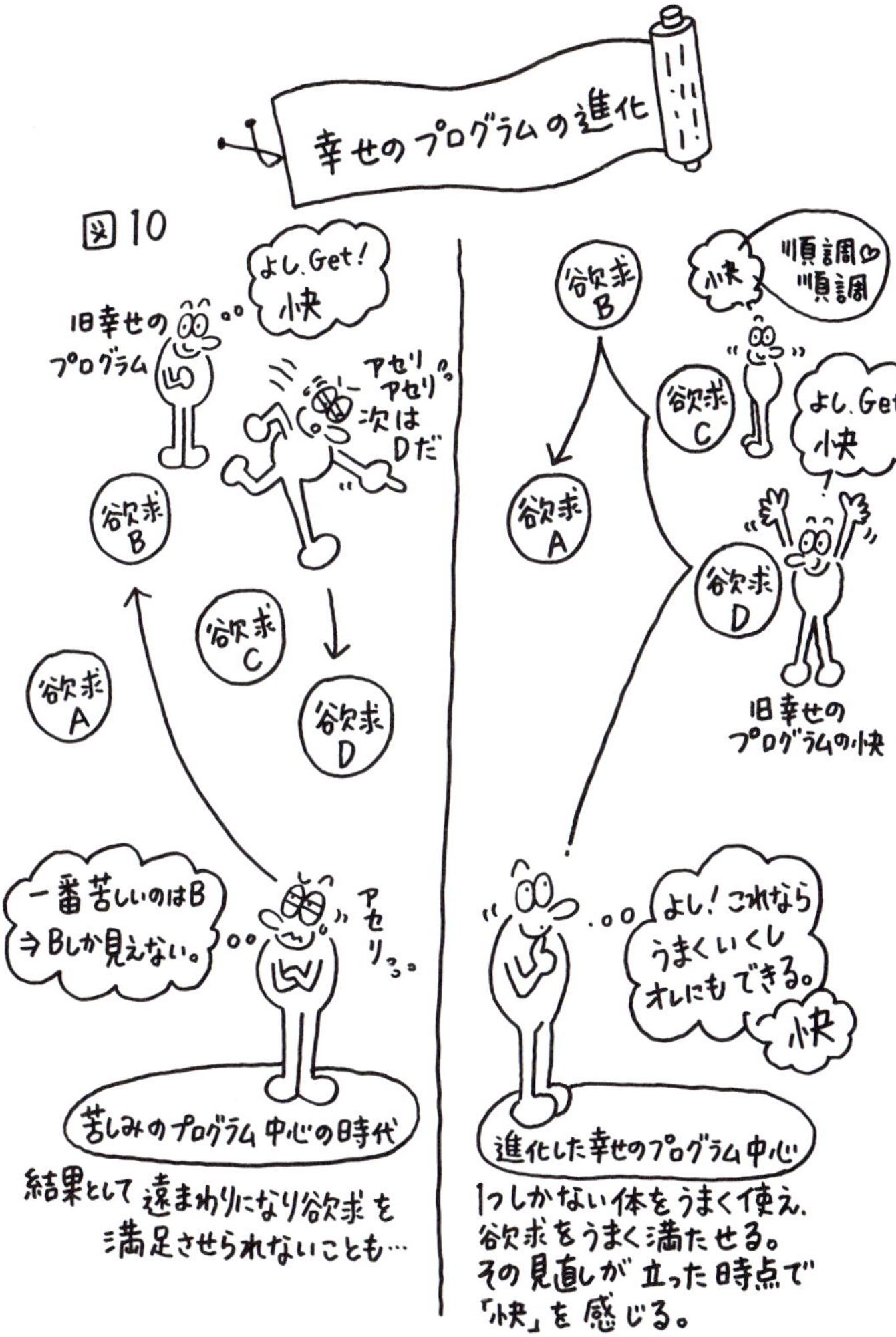

幸せのプログラムの進化
旧幸せのプログラム
よし、Get! 快
アセリアセリ 次はDだ
欲求B
欲求C
欲求A
欲求D
一番苦しいのはB ⇒Bしか見えない。
アセリ
苦しみのプログラム中心の時代
結果として遠まわりになり欲求を満足させられないことも…
欲求B
快 順調♡ 順調
欲求C
欲求A
よし、Get! 快
欲求D
旧幸せのプログラムの快
よし! これならうまくいくしオレにもできる。
快
進化した幸せのプログラム中心
1つしかない体をうまく使え、欲求をうまく満たせる。
その見直しが立った時点で「快」を感じる。

そのときはとても充実していた、そのときの自分はとても生きいきしていたと感じるのは、この幸せのプログラムが働いていたからなのだ。

おわかりのようにこの幸せのプログラムはそのとき、物理的に欲求が満たされているかどうかは、あまり関係ない。だから、今は大富豪になった人が、昔の貧乏時代のほうが充実していたと語ることはよくある話だ。

この幸せのプログラムによるじわり系幸せは、瞬間の快感強度こそ刺激・快感系に劣るが、その持続性と力強さで我々の行動を最も支配している。特に基本線以上にいる人に与える影響は大きい。

例えば、恋愛などが非常にうまくいっているときに、幸せすぎて怖いなどという感覚が生じることがある。これは逆に未来への不安が大きくなっている状態を表している。神田川の「ただ、あなたの優しさだけが怖かった」という歌詞は、まさに幸せの瞬間に感じる未来の不安である。

旅行そのものよりも、旅行についてあれこれ計画しているときが幸せだ。車などの大きな買い物をする場合、実際に買った後より、どれにしようかと悩んでいるときのほうが楽しいものだ。これも、現在より未来の幸せや不安に大きな影響をうけてしまう人間の癖なのだ。

この観点からいくと、人がギャンブルにはまってしまうのもよくわかる。パチンコをしている間は、その人の頭の中では、未来の大もうけのために今の自分の行動があるわけで、しかも過去の経験からも、フィーバーする確率（つまりもうける確率）はゼロではない。

冷静な長期的な損得計算はさておいて、少なくとも台の前で興奮しているあなたの頭の中では、計画（この行動を続ければ利益がある）と可能性（自分にもできる）が備わった状態が生じる。つまり幸せのプログラムが働いてしまうのだ。しかもスリルもあって飽きるという目減りも起こりにくい。

パチンコをやらない私には、貴重な休みに、一日中騒音とタバコの煙の中で過ごす時間は大変無駄のように見えてしまうが、やっている人にとっては、けっこう意味のある時間になってしまっているのだ。だからあなたはパチンコを止められない。

現代は幸せを感じにくい⁉

日本は、世界から見たらとても幸せな国である。

私たちの暮らしは、大変豊かになってきた。身のまわりに生命を脅かすような危険はほとんどない。交通や通信も発達し便利になり、経済力の差はあれ今日の食事にも困るという人は少なくなった。

ところがこんなめぐまれた環境は、これまで見てきた幸せの観点からすると、実はあまり〝恵まれていない〟環境なのである。言い換えると、客観的に幸せな社会の中で、私たちは皮肉にも、幸せを感じにくい環境を生きていると言えるのだ。

生きることが大変な時代なら、〝食べられる〟こと、つまり飢えの苦しさから逃れられる快を感じることは多かっただろう。苦しみの解放がもたらす快は主に苦しみのプログラムが担当する。苦しさからの解放に伴う快は一時的なものだが、かなり強烈だ。戦後の苦しさを知っている人は、卵ご飯のおいしさを今でも覚えているだろう。逆に「食いものの恨みは一生」などという言葉もその年代の人ならよくわかる。

さらに戦後の復興期は、時とともに住みやすさが向上する過程でもある。電化製品の普及は労働を軽減し、そのたびに快を感じさせてくれた。時代が進むにつれて、苦しい重労働から次第に解放されていく実感があった。（図11）

また個人を見ても、ある年齢になると家庭を持ち、年齢を重ねるごとに職場でも安定した地位につき、昇任や昇給もあり、老後は家族に囲まれた生活が期待できた。時間とともにだんだん苦労が解消されていくのが、一般的なケースだった。

つまり、戦後の日本は、社会全体としても個人としても苦労を少しずつ解消していく過程であったので、苦しみからの解放の幸せを感じやすい時代だったのだ。基本線以下で、継続して（繰り返しながら）、伸び続ける。苦しみからの解放を感じる条件をすべて満たした、歴史の中でも大変珍しい、恵まれた（幸せを感じやすい）時期だったと言える。

ところが今はどうだろう。

戦後の日本人が、生活を少しでも楽にするために一生懸命がんばってきた結果、私たちは基

図11

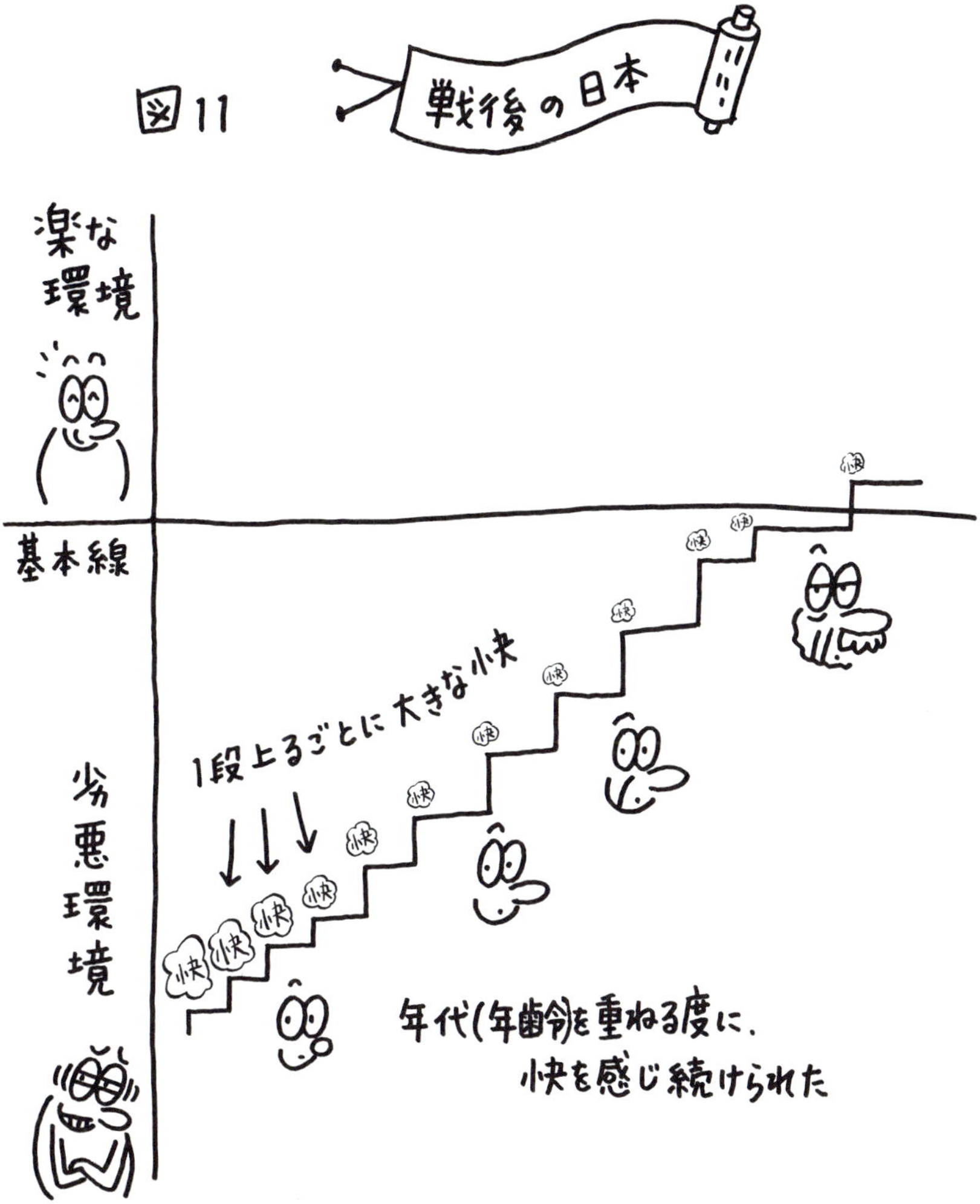
戦後の日本
楽な環境
基本線
劣悪環境
1段上るごとに大きな快
快
年代(年齢)を重ねる度に、
快を感じ続けられた

本的な苦しみから、かなり解放されてきたといってもいいだろう。つまり基本線を超えてしまった。（図12）

暑ければクーラー、寒ければストーブがあり、家は立派で雨露や風、ほこりを防げる。かつて重労働であった食材集めはスーパーですむし、料理もレンジでチン、洗濯は機械がやってくれる。治安も行き届いており、敵対する民族から襲われるという心配もない。医療も発達し、いたずらに病気に怯える心配もない。

苦しみからの解放を感じる条件から考えてみよう。

戦後の日本は食べものにも苦労し、「毎日、食べられる」ことに幸せを感じることができた。これは基本線以下のレベルで繰り返される満足であり、食べられる快感は大きかったのだ。

ところが、現代では食べられることは当たり前となった。食によって快感を得るためには、よりうまいものを求めなければならないのだ。飢えることが最大の心配事であった時代ではなく、すでに現在は、食事によるエネルギーを、スポーツジムやダイエットマシンによって消費しなければならない社会になってしまった。

伸び続けるという視点で見ても、現代社会はあまり期待できない。

年功序列が崩れ成果制が導入されるにつれ、歳を取るとともに苦労がなくなるのではなく、逆に苦労が増えていく環境にあるからだ。年金などの問題も絡み、右上がりに自分の人生が豊かなものになっていくイメージはすでに幻想となっている。

では、興味のプログラムによる幸せはどうだろう。基本線を超えても、まだ刺激的な日々を

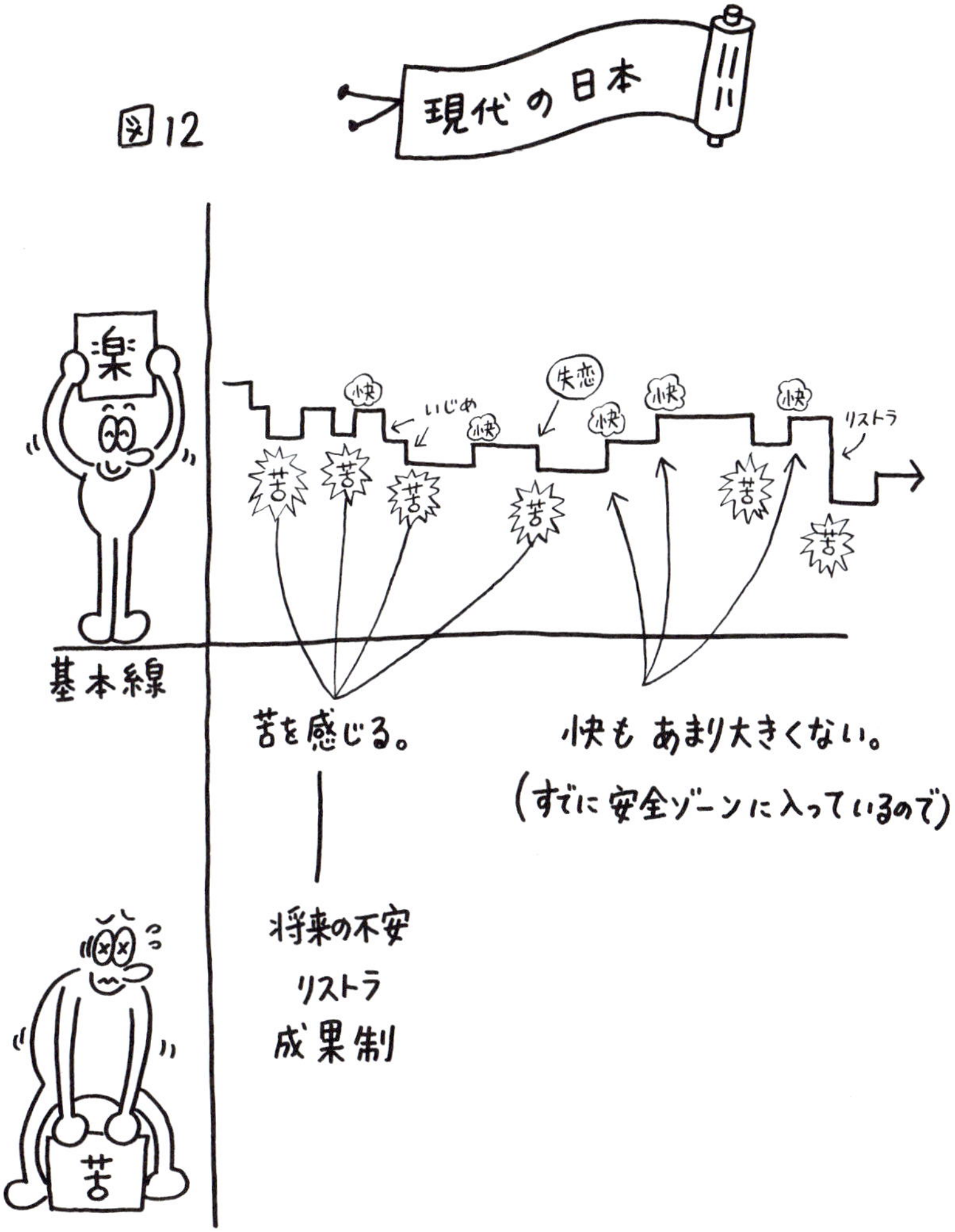
図12
現代の日本
楽
快
いじめ
小快
失恋
快
小快
快
リストラ
苦
基本線
苦を感じる。
快も あまり大きくない。
(すでに安全ゾーンに入っているので)
将来の不安
リストラ
成果制
苦

送れば、幸せを感じることができる。現に町は刺激にあふれている。この方面で活路が見出せるのではないか。

ところが残念なことに、興味のプログラムはプログラム自体に〝変化し続けること〟が前提にある。常に新しい刺激を求め続けないと幸せを感じないシステムだ。

求める刺激は次第にエスカレートしていく。一定のもので落ち着いてくれない。走り続けなければならない。それはそれで大切なエネルギーを消耗する作業である。


つまり、現代人は快感・刺激系の幸せを感じにくい時代を生きているといえるだろう。

では我々は幸せになれないのか。

そうではない、じわり系幸せ、つまり幸せのプログラムを働かせれば、我々も幸せを感じられるのだ。


ところが、このじわり系幸せも、目減りしてしまうことがあるのだ。

このじわり系幸せが感じられないときは、将来がなんとなく不安、人が嫌い、生きがいがないとか、張り合いがない、ただ生きているだけ、誰にも必要とされていないなどという感じに苦しむことになる。たとえ刺激的な生活を送り刹那の快感を感じていても、このじわり系幸せの目減りが生じると、落ち着いた人生を送れない。

渋谷で楽しそうに群れている若者たちに、うつ状態に悩む人が多いという。彼（彼女）らはリストカットや自殺念慮（死にたくなる気持ち）で苦しんでいる。

彼らの生活に生きるための苦しさはなく、刺激も十分であろう。しかし彼らは、どこかに不安を抱え、怯え、自信をもてず、だからこそ一時の快楽に逃げてしまう。

この傾向は、渋谷の若者だけではない。現代に生きる我々全体を覆うものだ。

現代人が、幸せを感じるには、じわり系の幸せにもっと注目しなければならない。じわり系幸せの目減りを避けなければならない。

実はここでようやく本書のテーマ、あきらめのプログラムと関係してくるのだ。

進化した幸せのプログラムがうまく働くかどうかは、あきらめのプログラムにかかっている。あきらめのプログラムが誤作動すると、じわり系の幸せが目減りしてしまうからだ。

そこで、次はあきらめと目標（幸せのプログラムの重要な要素）の関係について考えてみよう。

夢（目標）とあきらめ

この項目を見て著者は「夢をあきらめよ」と主張しているのかと思った人もいるかもしれない。

もしそんなことを言うとすれば、多くの方から非難を受けるだろう。そうだ。人は夢を持つことによって、この殺伐とした人生を生きていけるのだ。私は夢を持つなと言うつもりはない。

そうではなくて、夢にとらわれすぎるなと言いたいのだ。

そこでまず、私たちの行動と夢（目標）の関係を明らかにしていこうと思っている。というのも、私たちが無意識に持っている夢や目標が、私たちの行動をとても不自由なものにしている場合が多いからだ。

かなわない夢や目標を追い続けることによって、人生の貴重な時間やエネルギーを無駄遣いしてしまう。私はそういう悩みに数多く接してきた。

それよりは、可能性のない夢をあきらめて、現実的に地に足をつけた人生を送っていくほうがよほど幸せを感じやすくなる。


ところで、目標が私たちの行動を左右するのは概念としてはわかっても、現実にはピンとこないところがいくつかある。例えば、飢えた人が食料を求めたり、のどが渇いた人が水を求める行動には、食料や水が目標となっている様がよくわかる。その欲求に対する危機感が、その人の行動を左右するのも理解できる。ところが私たち人間の行動は、行動の目標や理由がそれほど明確でないことがかなりある。例えば、多少眠くても、時間が来れば出勤しなければならないし、宴席では飲みたくもない酒を飲むこともある。みんなといっしょにディズニーランドに遊びに行くのは、どんな目的があるのだろうか。少なくとも、先ほど触れた、衣食住や安全、性などの人間の基本的欲求には直接の関係はないように思われる。

衣食住や安全、性などの人間の基本的欲求のことをここでは、〝最終目標〟と表現することにする。というのも、やはりすべての人間の行動は、これらの基本的欲求を満たすことに通じるからだ。

え、さっき言ったことと違うじゃないかという人もいるかもしれない。

そうなのだ。すべての人間の行動は、一見人間の基本的欲求と全く関係ないように見えても、実はこの最終目標を満たすための中間目標に向かっているのだ。

そしてこの中間目標の存在が、現代人の私たちの行動を大変複雑なものにしている。

中間目標とは、衣食住、安全、性などの最終目標を確保する可能性を高めるために編み出された、いくつかの効率的な方法のことである。とりあえずその状態を確保すると、最終目標を得る確率が高まるということだ。(図13)

この戦略は、千変万化する自然環境の中で、直接的に最終目標を求めるより、より効果的に我々のDNAを存続させてきた。中間目標は、原始人にとって一般的に〝生きていける可能性を高くする方法〟つまり、定石といえる。

そのような中間目標には、どのようなものがあるのだろうか。

▼なにかが「できる」という中間目標

私たちは何かができると、とてもうれしいと感じる。

私たちは、できるために努力する。別にそのことができたって、お金がもらえるわけでもないし、食料や水が与えられるわけでもない。にもかかわらず、何かができるようになることは、

図13

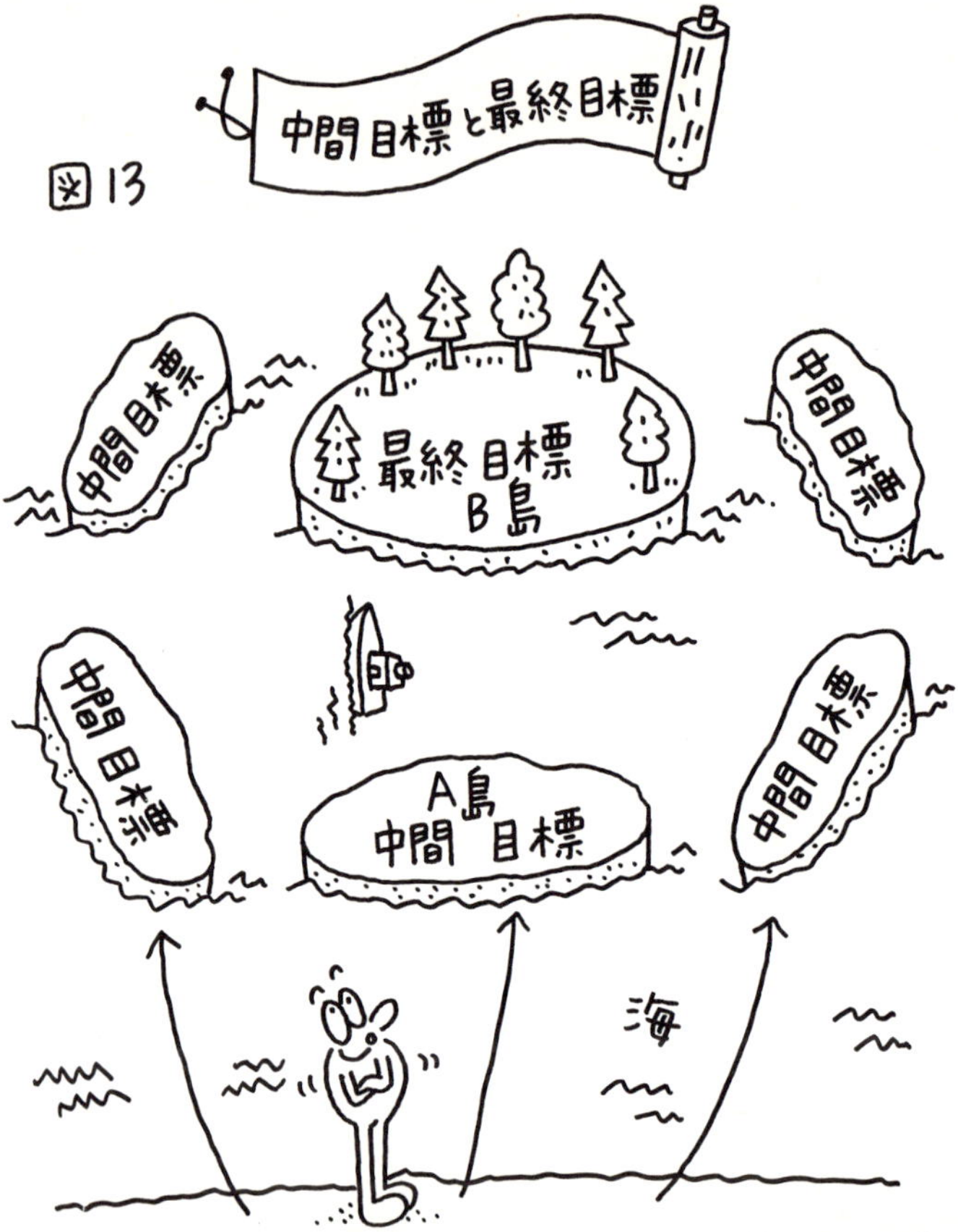

とりあえず、中間目標まで進んでおくと、最終目標を得るチャンスが広がる。

(例)とりあえず、A島まで行っておけば、たまたまB島から来ていた舟に乗っけてもらえるかも知れないし、海が穏かなら泳いでいけるかも知れない。

私たちの行動の目的となっているのだ。

逆に、何かができなかったときに、私たちは落ち込んでしまう。できないことは嫌で、できないことを認めるのは大変難しい作業だ。なるべくなら、自分自身の力で、誰の助けも借りずに乗り切りたい。できるということにより自信を感じたいという気持ちがある。

それが生活に関係のない些細なこと、例えば試験に受からない、逆上がりができない、子どものしつけができない、報告書がうまくかけない、契約を取れない、人前でうまく話せない…などのことであっても、人によってはそのことを必要以上に悲観してしまうことがある。パソコンができないということで、真剣に悩んで自殺したい気持ちが生じたクライアントもいた。

できるということは、外界にうまく働きかけられる。自分がそれをコントロールできるということなので、混沌とした世界を生きていく上で、できるだけ強く感じていたい気持ちである。

未来に対する不安を低減させるためには、①目標とそれにいたる計画、②それを実行できる自分の能力、③事態がうまく進んでいるという認識、の三つが必要であるのは先に説明した。

未来に対する情報がまったくないときは、目標も計画もない。今できることは何でも良いので、「できる」ようになることだ。

だから人は「(何に関しても) できる」ようになりたいのである。そうすれば、何らかの課題が明確になったときに、対処できる可能性が上がる。これが〝生きていける自信〟の基礎となる。

これは例えば、軍人や警察官や消防士が、日頃から体を鍛えて訓練しておくようなものだ。できる警察官は自信があるから落ち着いていられるが、自信がない警察官はひどくびくびくした毎日を送らなければならない。できるという感じが広がると生きていける自信も大きくなる。それはできることが多くなると具体的な個人の目標も見つけやすくなるからだ。例えば勉強ができると医者や弁護士になれる可能性が広がる。スポーツができるとプロスポーツ選手やインストラクターへの道が、音楽が得意であればミュージシャンやプロデューサーへの道が開かれる。私などは、大型の運転免許を持っている（運転できる）だけで、もし今の職を失っても何とかやっていけるという心の支えになっている。

何かができるということは、やはり生きていける確率を高めるのだ。だから皆、できる人間になりたいと思う。

逆に我々は、何でも「できない」ことは好きではない。何をやっても「できない」感じが多ければ、運命に翻弄される、極めて受動的な人生になってしまうと感じるからだ。

つまり、何かができないということは、単にそれだけにとどまらず、その人の未来への安心を脅かすのだ。人が生きていく上で、成功体験や「できる」という自信はとても重要なものだ。

しかも、たまたまその人の目標となっていることについて「できない」と感じてしまうと、その物事に対する単純な感覚から大きく飛躍して、「もうだめだ、生きていけない」というあきらめにまで発展してしまうことさえある。とても重要なことができなかった自分を認めることになり、生きていける自信を脅かされるのだ。

我々は、そのことを良く知っている。

だからこそ、一つのことができないと認める（つまり「あきらめる」）のが怖いのだ。

▼「(他人に)勝つ」という中間目標

「できること」に対するこだわりは、対人関係においては、人に負けることへの恐怖として表れる。

流行歌の歌詞ではないが、「人はどうして比べたがる？　一番になりたがる？」のだろう。

まず、比較する癖だが、これも原始人の時代にさかのぼると納得がいく。

原始時代は、これまで何度も触れてきたように、食料が十分ではなかった。群れとして行動する戦略で進化を生き延びてきたヒトは、当然協力して食料を得、それを配分した。

どうしても他人と比べてしまう癖は、共同作業によって生きる糧を得るとき、自分が仕事量に見合った取り分を得ているかというチェック機能に他ならない。食料が有り余っている状態ではなく、皆で分けると一人分は本当にわずかの量になってしまう状態の中で、自分の取り分を厳しく主張する。この能力は生き延びるために必要な機能である。

同時に、同じ配分なのに一人だけ余計に働いてエネルギーを消耗するという事態も恐れる。だから我々は、他人より不当に多くの仕事をしていないかが気になるのだ。

次に、「一番になりたい」という気持ちだ。

これは、同じくヒトが群れで生活していたことに関連する。

群れの中では自然に階層ができてしまう。力の強いものがボス（リーダー）となり、群れの行動を統制あるものにする。しかしこのボスは民主主義で選ばれたものではなく、あくまでも実力で勝ち取るものなのだ。

ボスになれば、当然食料の分け前は多くなり、優秀な異性と性交し、遺伝子を残せる可能性も高くなる。だから、我々は一番になりたがるのだ。

一番になりたがる性質は、ボスになるためだけではない。

群れの中で、何かに秀でる、一番になるということは、その群れの中で、その人の存在価値を上げることになる。存在価値が上がるということは、群れにとって大切な人になるので、食料の分け前も確保され、かつ自分がピンチのときには、皆が助けてくれる。

だから、我々はある分野において一番になりたがるのだ。そして現代では無理でも、原始時代の小さな群れでは、一番になることは可能な目標だった。

村一番の機織上手、村一番の牛飼い、村一番の大工、村一番の物知り。努力すればできたし、そうなることで村から大切にされた。

原始的な村の中では、他人に負ける、村一番になれないというのは、存在価値の低下につながる。だから、我々の心の中には、「他人に負けたくない、一番になりたい」という強い思いがプログラムされたのだ。

この、他人に負けたくない、一番になりたい、という欲求は、先の「できる」に対する欲求と同じように、私たちの行動をひきつける強力な中間目標となっている。

▼愛されたいという中間目標

私のカウンセリングの中でも、「愛」へのあきらめは、難敵の一つである。失恋の痛手は、ほとんどの人が経験することだろう。だからといって軽いものではない。失恋を契機に重いうつ状態になってしまうこともまれではない。中には自殺してしまう人だっている。恋のトラブルが、殺人に発展することは、古今の歴史を繙くまでもない。

そもそも、どうして人はこうも愛に固着してしまうのか。

どうして、愛は、こんなにも人の行動に影響を与えるのか。

それは、やはり人を動物の一種のヒトとして考える視点で見なければ、明らかにならない。

生き物は、DNA（遺伝子）を運ぶ乗り物だということは前にも触れた。

生き物は、次の世代に自分のDNAを受け継いでもらうために、この世に生まれた。そしてその目的を達成するために、生き残り、成長し、競争に勝ち、交尾し、子孫を育てる。

哺乳類は、このサイクルを確実にするために、雌雄の二つに分かれ、卵ではなく胎児を出産し、成長するまで子どもを育てる。雌雄の二種に分かれるのは、DNAを混ぜ合わせて、より環境の変化（病気や気候の変化）に強い子孫をつくるためだ。

雌雄に分かれたおかげで、交尾する必要が生じた。

この交尾の段階で、双方がより良いＤＮＡとの結合を模索する。つまり、相手を選ぶ。しかしそれは同時に相手から選ばれる作業でもある。選び、選ばれることが「愛」なのだ。

（ここでは、主に性愛を論じる。）


生き物の究極の目的がＤＮＡの伝達だとして、それを確実にするために「生き残ること」「子孫を得ること」が必要だった。そしてそのために必要なものが、食料、水、安全、愛なのである。最終目標として表現したものだ。

だから、愛は本質的には、水や食料と同じようになくてはならないもの、なくては生きる意味がないという性質のものなのだ。

だから、愛を失ったときの苦しみはことのほか大きい。

性の衝動は、性行為を行うために人に与えられた。しかし我々は性の衝動を満たしただけでは、十分に満足しない。性行為を含め相手に喜びを与えること、相手に自分が求められていること、そんな状態を求めるのだ。

子孫を残すだけなら、首尾よく性行為をすればいいではないかということになるが、それだけで満足（安心）しないのは、人が生物学的早産といわれる胎児を育てるという戦略を取ったからだ。

馬や牛の赤ちゃんは、生まれてからすぐに立ち上がることができる。しかしヒトの赤ん坊は、生まれてからの数年は、完全に親に頼りっきりだ。親がいないと生きていけない。

このような危険な戦略をとったのは、一般的にはヒトが両手を自由に使うために立つことを選択したからだといわれている。しかし私はそれだけではなく、その数年間で胎児が生まれてきた環境に慣れるためだと思っている。つまり、どういう環境で生きるのかがわからないので、工場（胎内）ですべてのプログラムをインストールする（組み込む）のではなく、生まれてきてから、環境にあったプログラムをインストールする戦略をとったのだ。実際、生後3年間の脳の発達（使われる神経細胞は太くなり、使わない細胞は消滅）はすさまじいものがある。

いずれにせよ、生後3年間は、親が子どもの面倒を見なければ子どもは育たない。つまり、DNAは残せない。

それでも、男は性交渉の後、自分がいなくなっても、まだその子どもが育つ可能性はある。（しかしそれも女が子どもを育てようとした場合という前提だが…）

逆に女は、貴重な時間（若さ）と出産のエネルギー、育児のエネルギーを使って、子どもを育てる。いきおい性交渉に至るまでに相手選びに慎重になる。このとき、妊娠している間の1年プラス子どもを育てる3年、自分を大切にしてくれる人かどうかをチェックしているのだ。この間は自分で食料を調達するのは難しく、外敵にも襲われやすい。守ってくれる男が必要なのだ。

セックスの際自分だけが満足すればいいという人もいるが、その行為でも相手を喜ばせられることは「できる」という自信にもつながるし、〝愛情〟を交わすことで、協力して子孫を育てる関係を作り上げることができる。だから、双方とも相手の心を知りたがる。つまり愛を確認したがるのだ。愛がないセックスは、子どもを残せない可能性が高いことを知っているからだ。

▼仲間に入れてほしいという中間目標

仲間に入れてほしいという欲求も、我々の行動を強く規制する。

人は、個人でこの危険に満ちた自然界を生き延びる戦略をとらなかった。もし人が、単体で外敵に対抗する手段をとろうとしたならば、人の爪や牙はもっと強力なものになっただろうし、その体はもっと大きく進化したに違いない。そうではなく、人は知性と集団の力によって、自然界に対抗して生きてきた。つまり、その集団から排除されるということは、即生きていけないという危険性に発展する。

特に日本人は、集団で農耕を営み生きてきた。その集団から阻害されるということは、いわゆる村八分であり、食料を確保できないばかりか、基本的な生活を維持するのにも大変な苦労を強いられることになる。逆に言えば、良好な仲間関係をつくるということは、将来的に安定した生活を営むことができる可能性を高めるのである。

そのために人々は、良好な人間関係をつくり、集団の中に自分の位置を確保することを無意識のうちにもその行動の目的としたのである。

❖──100人誤作動

ところで、このように我々の感覚が、原始人が村で生活していたころの感覚を引きずっていることによる不具合を、私は〝100人誤作動〟と呼んでいる。

私は、「人間の感情や行動のプログラムは、100人ぐらいのグループで集団生活をしながら生きていくことを前提としている」と考えている。現在は人の交わり、情報の交わりが格段に大きくなっているのにもかかわらず、我々の反応は100人村のサイズで発動してしまう。

例えば、我々の数の感覚は、100ぐらいまでは敏感だが、それ以上になるとあいまいになる。

数は食料を分けるために必要になった。木の実を村の人数分とって帰らなければならない。その後もそれぞれの家庭の人数分持ち帰らなければならない。だから、100人前後の村社会で長いこと過ごしてきたヒトは、100までの数字には、非常に敏感であり、イメージもわきやすい。

10円をケチる人が、車を買うときは、1万円を値切らない。これも車を買う単位が、万になっており、100分の1の感覚でしか感じられないからだ。

近年、『世界がもし100人の村だったら』（マガジンハウス刊）という本が、話題を呼んだ。「世界が100人の村だったら、14人が、一日100円以下の生活費で何とかしのいでいる」

と言われるほうが、13億の人々が厳しい生活を送っていると言われるより、ずっとわかりやすい。

つまり、我々が受ける対人刺激は、せいぜい１００人ほどの刺激を受け取る入れ物しかないと考えてもいい。現在は顔を合わせる人を数えようとすると、首都圏で通勤している人など、1日軽く1万人を超えてしまうだろう。しかし私たちはそれに対し１００人を前提とした反応をしてしまう。私たちにとって「みんな」とは１００人村の住人みんなのことなのだ。

この１００人誤作動は様々な場面で我々に影響を与えている。

例：恋人はこの人しかいないと思う感覚。

１００人のグループでは、適齢期の人は限られていた。

例：人のゴシップが気になる。

だから、恋愛、結婚、出産、不倫などに関する情報に敏感。スターの結婚で落ち込むファンも多い。スターも１００人村の一人だと感じてしまうからだ。

例：一番になりたがる。

村なら、一番になれる。一番になると存在価値があり、自分がその集団から大切にされ生きていける。例えば、村一番の力持ち、機織娘、孝行者、物知り、手先が器用…

例：比較したがる。

１００人の中で、同じように働いたのに取り分が少ないと生きていけない。

だから、他人の取り分に関する情報が気になる。

例：皆に好かれたいという思い（皆の視線が気になる）。

１００人なら、それも可能だし、それができればそのグループの中で安泰。

例：嫌なやつが気になる。

嫌なやつとは、潜在的な敵である。常に警戒（注目する）のは必要なこと。

気を抜くと殺されるかもしれないから。プライドに関する脅威と取れる行為には特に反応、
相手の意図（敵意の有無、内容）を知りたがる。


現代人がこの１００人誤作動で最も悩むのが、実際の１００人と仮想の１００人（バーチャル１００人）の乖離という現象である。

原始時代では、あなたを現実に支える１００人と、あなたの頭の中で刺激を受けたり、自分と比べたりする１００人は同じだった。

ところが、現代は交通や通信の発達のおかげで付き合いが爆発的に広がり、自分の周りの村で生きているというより、自分の仮想の１００人で生きていると言える時代になってしまった。

例えば、原始時代は、食料をもらうのはAさん、仕事を助けてもらうのはBさん、悩みを聞いてもらうのはCさん、狩を教えてもらうのはDさん、病気のとき頼るのはEさん…と、すべて村の人々であった。

しかし今は、悩みはネットで知り合った「マサ君（会ったこともない、男だと思う、多分）」、人生について教えてくれるのは好きな作家の○○、ファッションのアドバイスをくれるのは、テレビでよく見る売れっ子の○○、仕事はインターネットで紹介してもらい、買い物はネットでできてしまう。携帯のアドレスには、簡単に100人以上の名簿が載っている。

そんな時代、昔なら村で一番になることは意味があり、かつ実現可能だったが、今はそれができなくなってしまった。

例えば、その地区で一番の大工（エンジニア、料理上手、ゲーム上手、駆け足自慢等なんでもいい）であったと仮定しよう。しかし、彼は彼の大工仲間では、むしろレベルの低い部類に入ってしまう。彼は、自分の地域で一番であっても、彼が影響を受ける100人（彼のバーチャル村）の中では、決して一番ではないのだ。優越感は得られないばかりではなく、むしろ劣等感を強く感じてしまう。

医者や弁護士は、我々庶民から見たら、いわゆる勝ち組である。

しかし、そんな彼らの話を聞くと、それぞれが強い劣等感に苦しんでいることにびっくりしてしまう。彼らのバーチャル村は、地域の人ではなく、同じ医師や同じ大学の卒業生、同じ高級住宅街に住む会社の社長などが、多くを占めてしまうのだ。

もし、そのお医者さんが人里離れた無医村に行き、都会との交流も少なく（医療の面では問題だが）、地域住民とだけ接していれば、彼は今のような劣等感にさいなまれることはなかった。

交通や通信の発達により、我々の交流が自由になり、地域で密接に支えあう必要がなくなった今、我々のバーチャル100人は、その人の活動に伴い自由に変化しうる。その結果、原始の100人村では効果的だった〝癖〟がかえって我々を苦しめることになる。これが100人誤作動だ。

中間目標は最終目標と同じぐらい魅力的。我々の行動を誘導してしまう

通常、中間目標といえば、最終目標に行く前の一つのステップである。ところが心の中間目標の場合、現実には最終目標と同じぐらい、時にはそれ以上に我々の心をひきつける。

それは、先に触れた「人は未来の不安が最も低下したときに深い幸せを感じる」ということに関連している。

水、食料、安全などの最終目標を得るということは、今としばらく先の間、生きられることを約束されたようなものだ。しかし、それらは移ろいやすいものである。得られた肉は、2日と持たず腐敗する。安全も、猛獣がいつこの地域に移動してくるのかもわからない。将来的な生を保障してくれるものではないのだ。

例えばある目標を達成したときの心理だ。

あることがうまくいった。ある目標を達成した。それは良い。しかし生きるプログラムにとっては、「それは単に、これまでなんとか生きてこられた」ということでしかなく、今後の安

全を保障するものではないのだ。人は、将来のために行動することで安心する。だからまず目標が欲しい。何かに成功した後の、ぽっかりとした寂しさや所在無さは、この未来に対する潜在的な不安が基礎になっている。もし適当な目標が見当たらないときに我々は現状が良くても落ち着かない。

最終目標が保障するのは今の〝生〟なのである。これに対し、中間目標は、確実ではないが未来の生存の確率を高めてくれる。集団に守られることは、安全や食料が得られやすくなる。愛もそうだ。例えば無理やり強姦しても、相手が子どもを育てなければＤＮＡは残らない。愛があるから将来自分の子孫が残っていく確率が高まるのだ。

だから、我々は、最終目標だけでなく、中間目標に向かい行動する。最終目標よりむしろ中間目標を選ぶこともまれではない。

例えば、我々はルールを守る。規則でなくてもみんながそうしているというルールは、尊重される。おなかがすいてしょうがないときでも、「飲食厳禁」のところでは、普通の人は食べるのを我慢する。食べることより、「集団から阻害されない」という中間目標が勝るからだ。

中間目標は、このように未来の生存の可能性を高めるための定石として大変重要な意味を持っている。

しかしその定石はやや時代遅れになっている。というより異常に発達した現代の進化のスピードについていけない状態だ。しかし我々は、残念ながらその定石に基づいて盲目的に攻撃目標と方向を決めてしまう。結果的に効率が悪くても、方向変換できないのだ。

中間目標が我々を苦しめる

中間目標という定石を作ることで、原始人は変化する環境にも幅広く対応することができた。

しかし、この中間目標が我々にとっては、少々厄介な問題を引き起こす原因になっている。

まず、中間目標と最終目標の関係である。

原始時代は、確かに中間目標を達成すると、最終目標にいたる可能性が高くなったであろう。だから、直接食料を確保するより、狩りを覚え（中間目標「できる」）、グループのリーダーになり（中間目標「勝つ」）、妻から愛され（中間目標「愛」）、仲間と仲良くする（中間目標「仲間」）ほうが、将来的にも安定した生活を送れるし、子孫も残せる。

だから、中間目標を手に入れることは、じわり系幸せのもとにもなったのだ。

ところが、最終目標である水や食料、安全などは、現在の日本では比較的簡単に手に入る。必ずしも、中間目標を通らなくてもいいのだ。むしろ、中間目標にとらわれるのは、遠回りですらある。（図14）

しかし、この中間目標に惹かれる癖は、現代人にも残っており、環境にかかわらず、我々の行動を支配する。

そして更に厄介なことに、現代では原始時代に比べ、中間目標を得ることが大変難しくなっ

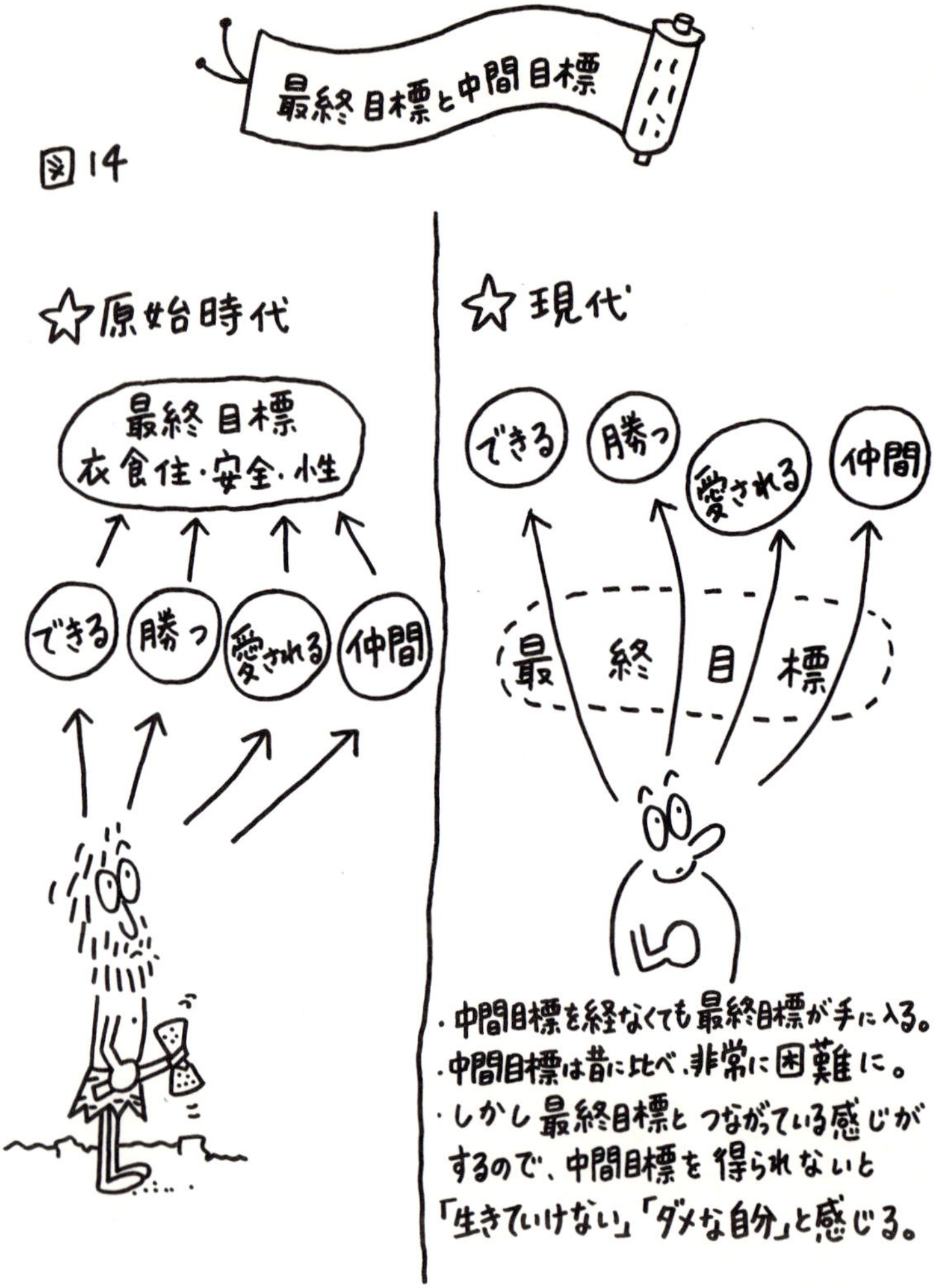
最終目標と中間目標
図14
☆原始時代
最終目標
衣食住・安全・性
できる
勝つ
愛される
仲間
☆現代
できる
勝つ
愛される
仲間
最終目標
・中間目標を経なくても最終目標が手に入る。
・中間目標は昔に比べ、非常に困難に。
・しかし最終目標とつながっている感じがするので、中間目標を得られないと「生きていけない」「ダメな自分」と感じる。

てしまった。

例えば「一番になる」とか「すべての人に愛される」などは、100人誤作動で見てきたとおり100人村では可能でも、現代ではそれを努力して勝ち得ることが不可能に近くなってきている。

にもかかわらず、我々はあいかわらず、それに固執してしまうのである。その向うに、最終目標がある、それをとらないと生きていけない…という感じを持ってしまう。そして、結果的にそれを断念せざるを得ない状態のとき、必要以上の苦しさを感じてしまうのだ。


中間目標は、原始時代には、最終目標に至る最も確実な方法だった。また、これら中間目標足りえたのは、それが原始人にとって努力次第で達成できる事項だったからである。

ところが現代社会において、この中間目標は必ずしも最終目標と関連しなくなっているし、また、努力しても達成できない（失敗する可能性の高い）目標になってしまっている。

その結果、中間目標を達成できないことから、生きていけない不安がたかまり、自分のことを努力が足りないダメ人間と思い込みやすい。だからといって、最終目標につながっている感じが強いのでその中間目標をあきらめることもできない。そんな自分がまた嫌になる。


私たちが現在、幸せの目減りを防ごうとすれば、苦しみのプログラムではなく、幸せのプログラムを働かさなければならない。幸せのプログラムを十分に働かせるためには、**適切な目標**

と計画があり、それができるという自信があり、目標方向へ順調に進んでいるという実感が必要だった。

そのためには、どんな目標に向かって今の自分の行動が焦点付けられているのかを知り、それをコントロールすることが、とても重要な要素になる。

言い方を変えると、自分に合う、達成可能な目標を選ぶことが、現代の幸せの秘訣となるだろう。

ところが現実には、中間目標にこだわりそれをあきらめきれず、この目標選びがうまくいかないケースが多いのだ。客観的には、この自由な目標選びが可能な時代になっているのに…。

次は、そのような典型的な四つのケース（あきらめのプログラムの誤作動の四つのパターン）を見ていくことにしよう。

chapter 5

第五章

「途中で止められない」誤作動

「できる」ということが私たちを強力に惹きつけていることは、説明したとおりだ。

ところが、中間目標のところでも見てきたように、現代は、できないことがそれほど重要ではなくなっている。

例えば、料理ができることは一昔前（10年一昔なら三昔ほど前かもしれない）は、女性が幸せな人生を送るための前提であった。しかし、現代では料理ができなくても幸せな人生を送る女性は数多く存在する。

別にあることができなくても、それで死ぬことはない。未来の生存可能性が少なくなるわけでもない。確かにできることで自信はつくが、できないことで自信を失う必要もない。むしろ、できない場合には、そのテーマは自分の人生にはたいしたことがないのだと定義しなおして、あきらめ、他のテーマにエネルギーを注ぐ。そのほうが、結果的に成功し、自信を高めることになる。

にもかかわらず、我々は、できないことを認めるのが難しい。そしてそれは「途中で止められない誤作動」という厄介な癖として現代人を苦しめている。

❖――がんばっている自分をやめられなくて苦しんでいるF子さん

保険会社のセールスパーソンとして勤務して3年目のF子さんのケースだ。

F子さんは、新人研修のときから、上司に「センスがいい」と目をかけられていた。事実1

年目は、新人にもかかわらず、支社でベスト3の売上を達成することができた。

ところが3年目の今、F子さんは、いわゆるスランプに悩んでいる。

1・2年で、これまでの人脈は使い切ってしまった。2年目もかろうじてベスト3に入れたが、無理をしていた。しばらく会っていない親戚や小中学校の同級生などに、電話をかけてセールスの話をするのは、かなりの心理的エネルギーを必要とした。

一方上司からは、「Fさんは、そろそろ上級研修に行って、地域担当になってもらうつもりでいるよ」と励まされる。基本給料が上がるのは魅力だった。

3年目の春、いよいよその研修が始まった。本部に各支所の精鋭たちだけが集められた。F子さんは、元来負けず嫌いである。この研修で一番になる、と必死でがんばった。

家族は、土日に帰ってきても資料と格闘しているF子さんの顔色が悪いことを心配した。

研修の途中で、F子さんは体調を崩してしまった。

でも、F子さんは、研修を休むことができなかった。

「皆に遅れてしまう」「支所長の期待を裏切れない」「一番にならなきゃ」

「できないと認めたくない、思われたくない」

研修所の担当につれられて、カウンセラーを訪れた彼女。しばらくは硬い表情だったが、だんだんと今の苦しい心境を話してくれた。

「私、怖いのかもしれない。今、下がっちゃうと自分自身が底なし沼に落ちてしまいそうで…」

彼女は、こんな話をしてくれた。

5年前、東京でOLをしていた彼女は高校時代から付き合いのあった彼と結婚した。故郷の魚屋の長男である。OLをやめた彼女は、しばらくは実家の手伝いをしながら、地元での職を見つけようとした。

ところが実家では、まるで以前から彼女のことを当てにしていたように、彼女に仕事が回ってきた。実際、小さな商店なので自分が抜けたら父と母に直接的に負担がかかる。別の仕事をしたいとは言い出しにくい雰囲気だった。彼女は「だまされた」と感じたという。

それでも、彼女は認められようと必死にがんばった。

1年が過ぎようとしたころ、彼女は妊娠した。これで「大切にしてもらえる」と期待した。ところがあるとき「妊娠は病気じゃないから、動いたほうがいいよね」と姑から言われたのだ。

彼女は、大きなお腹を抱えて、臨月まで店を手伝った。

夫にそのことを告げても、姑と同じ意見しか返ってこなかった。

子どもが生まれてからはもっとひどかった。

子どもの扱いについて、姑からいちいち注意される。まるで自分のすべてを否定されているように感じてきた。別居を要求するが、取り合ってくれない夫との中もだんだん冷えてくる。

彼女は、いよいよ切羽詰って、離婚を決意した。

子どものことで相当もめたが、今は離婚することを優先するしかないと、親権はあきらめた。実家に帰って来いという父母の言葉を振り切って、一人で生活し始めた。

「負け犬にはなりたくない」と思ったからだ。

そこから、彼女は独り立ちしようと保険会社に勤め始めたのである。

「離婚のことで、子どもを含めてすべてが奪われた感じがしました。せっかく会社で認められ、友達もできて、自分の居場所を見つけたのに、それをまた失うのが怖いのです。だから何でも飛びついてしまう。何でもいいから一生懸命やってないとだめになりそうで…」

彼女は、離婚によってすべてが奪われたという悲しみを背負っていたのだ。それが、今の彼女を切羽詰った余裕のない生き方にしていた。

セールスの道でつかみかけた自分をまた失いそうで、無理な作業を〝止められない〟でいるのだ。

「途中で止められない」誤作動の原因

できるという中間目標が、「途中で止められない」誤作動に大きく関わっている。

しかし、この誤作動には、実は他の要素も関係しているのだ。その中でも特に「仲間はずれになりたくない」という中間目標に引きずられて起こる誤作動は、カウンセラーの私にとってかなり手ごわい相手になっている。

農業主体の集団生活と狩り主体の小グループの生活の差

原始人が走るとき、それは獲物を追いかけるときだった。届かないと思ったらあきらめる。ところが、現代では駆け足をするのは競争のとき。がんばり続けなければならない。先生や親からそう期待される。記録を伸ばすのも、練習も、がんばることが前提だ。がんばる人は、評価され、あきらめた人はだめだとされる。

西洋では、狩猟が主だ。肉食を主体とする西洋人の腸に比べて、いわゆる日本食を主体とする日本人の腸は2メートルほど長いという。

ところが日本人の食生活はここ30年ほどで大きく変わり、肉食が主体となってきた。日本人の長い腸で肉を食べると、必要以上に水分を取り去ってしまう。だから日本人に便秘が増えてきたという。

これと同じことが、「あきらめ」の世界でも起こっている。

西洋人は、狩りが主体。狩りは日ごろ怠けていても、いざというときに実力を発揮して獲物を獲ってくれれば誰も文句は言わない。つまり実力社会、成果主義なのだ。あまり多くの人と協調することもない。自分の好きにやればいいいし、それを誰も非難しない。

一方、日本は農耕社会。稲作は大変な仕事だ。集団で助け合いながら米を育てた。機械も農薬もない時代、農業は楽ではない。誰もが休みたいと思うが、そんな怠け者は、集団から阻害された。いわゆる村八分である。村八分になると、生きていくのは大変だった。

そんな日本の村で、もし誰かがお腹が痛くなったとしよう。

彼は、それを口にしない。へたに口にすると「怠けるために、言っているんだ」と思われかねないからだ。

彼は黙って仕事に出る。そのうちに近くの者が、彼の顔色が悪いことに気がつく。

「休んだらどうか」と声をかけられるが、それでも彼は断る。

そうこうしているうちに、いよいよ痛みがひどくなり彼は倒れこんでしまう。

周囲が驚いて集まる。先ほどから心配してくれていた仲間が、「朝からずっと調子が悪いみたいで…」と皆に説明する。

皆が口々に、休めと言う。それでもまだ仕事をしようとする彼に、長老が、「いいから、誰か家に連れて行ってやれ」と帰宅を命ずる。

なんとも回りくどい方法だが、これが日本人にとって最も〝美しい休み方〟なのだ。これでようやく、村八分の恐れもなく心から休める。

この手続を取らないと、「怠け者」「一人だけ良い思いをしようとしている」と受け取られ、集団からはずされてしまう。

日本人には、この集団から阻害されてしまう⇓食べていけない⇓生きていけない、という恐怖がしみついているのだ。

狩りと違い、農業は今日の努力が今日の収穫に繁栄されない。コツコツと努力を続けることが秋の収穫を約束する。

狩りは、獲物が自分より足が速い、捕まえられないと判断したその瞬間に、エネルギーを保存するために、あきらめる必要がある。

ところが農業は、あきらめたら秋の収穫はない。

しかし、作業そのものとしては、日々の見返りが感じられないので、あきらめやすい作業であるとも言える。苦しみの後に楽がある（楽をするには先に苦しまなければならない）という強迫観念もここからきている。

だから、日本ではあきらめることが忌み嫌われた。

また、グループでやる農作業において、仲間の一人がやる気を無くす、途中で投げ出すというのは、他のメンバーにその分の労力が向くので、大変嫌われた。その一人の脱落で、収穫自体が不可能になる可能性さえある。

その意味からも、手を抜く者、気力を失う者、協調しない者が、嫌われてきたのだ。

つまり本質的に日本人には、がんばれない自分は嫌われるという恐怖と、がんばる自分は仲間から認められるという思い込みが強い。あきらめがへたなわけだ。（図15）

図15

途中で止められない誤作動
中間目標
できる自分を感じたい。
勝ちたい。
中間目標
愛されたい。
中間目標
中間目標
仲間はずれにされたくない。
《がんばらないとあきらめると村八分にされる》
ガンバレー
あきらめるな
世間・親・学校

高度成長時代の図式を引きずる

高度成長時代の図式はこうである。

粘り強くがんばると学力が上がる⇓良い企業へ就職できる⇓安定した収入が得られる⇓つらいことがあってもあきらめない（粘り強く続ける）⇓年功序列で上にいける⇓安定した老後。

つまり、高度成長時代の幸せのキーワードは粘り強く続けろ、あきらめるな、であったのだ。

だから、学生は自分の好きなことという視点で大学を選ぶのではなく、自分ががんばれば手が届きそうな限界のところを志望校とした。

国立大学に受かる学力があるのに、専門学校に行くのは、「もったいない」とされた（もったいないは、あきらめにくさの一つのキーワードだ）。

「粘り強くがんばること（あきらめない）」と日本企業の学力主義、年功序列が結びついて成り立っていた結果だ。

ところが、この十数年で、企業も様変わりしてきた。ずっとがんばってきた（あきらめずにやってきた）ことは評価されず、今どれだけ能力があるかだけが評価される。

簡単にリストラされ、どこの大学を出たかはあまり意味を持たなくなってしまった。

人は生まれたときからある程度裕福であり、生命の危険はない。農業社会から、工業やサービス業主体の社会に変わり、大家族から核家族に変化した。豊かさは、集団に頼らなくても生きていける環境をつくり、個性を発揮できる自由な時代になってきた。（物理的に）生きることに大きな障害はない。必死で食料を集める必要はないし、常に生命の危険にさらされることもない。

やりたいことを最初からあきらめる必要もないし、失敗しても、それで仲間はずれになって生きていけないということもない。時代は変わりつつあるのだ。

しかし、人々の考え方はそれほど急激には変わらない。

親は自分が育った時代の感覚で子に接する。

「ひとたび始めたら、粘り強く続けなければならない」

あきらめたり、今の苦しみから逃げたりすると幸せにはなれない、という親の染み付いた価値観がある。

アルバイトであっても、〝ひとつの仕事が続かない〟ことは、親の（時には本人にとっても）大きな悩みだ。職業を変えることがなんとなく悪いという考えであり、ひとつの苦しさに耐えられないのは日本的には「悪」なのだ。離婚するのがなんとなく悪いという価値観も同じである。

しかし、現実には、離婚率の増加、転職率の増加、リストラによる強制転職などがあり、結果的に、〝途中で止めて〟、その結果自分を責めてしまう人が増えている。たまたまそういう機会とうつ状態が重なったときには、この自己嫌悪感が更に強くなり、「がんばっていない」自分がひどく許せなくなる。これが、あきらめの誤作動の最悪パターンにつながることがある。

❖「あきらめるな」は時代遅れ

たしかに、必要以上に慎重な日本人が、現代社会をうまく生きていくには、「夢をあきらめるな」とか「あきらめなければきっと夢はかなう」というポジティブシンキング（楽天主義）が有利である。しかももともと、あきらめないというのは日本人の心にぴったり合っている、ときている。

だからいっそう「あきらめ」は嫌われる。ところが、現代社会を生きる上では、あきらめを毛嫌いしてばかりではいられない時代になってきた。

この現代社会の中では、これまで意味を持っていた「がんばり続けること」がその存在意義を失いつつある。

がんばり続けるパターンは、選択肢が一つしかないときの生き方のコツだ。それしかないので、そこで成功するには、ただひたすら耐え忍ぶことが美徳とされた。

今、時代が求めるのは、がんばり続ける効果より、明るさであったり、軽さであったり、自分らしさの追求、ジャパニーズドリーム（一攫千金）だったりする。

中年のロックシンガーが歌うＣＭソングの「幸せになりたいけど、がんばりたくない」というフレーズが時代を象徴しているようだ（ちなみに、私の娘はこの歌が大嫌いだ）。

だから、現代人は「がんばらなく」なっているように見える。すぐにあきらめる。でも客観的に見ると、それで良い時代なのだ。

苦しい人間関係を続けながら一つの会社にいても、そのメリットは少なくなった。それより、転職したほうが良い。嫌な相手と一生がまんして過ごすより、さっさと離婚したほうが良い。それを許す時代だ。女性でも生きていけるし、一生フリーターでも飢え死にすることはない。つまり生きていける時代なのだ。

そんな時代なら、むしろ〝がんばらないこと〟を人生のテーマにしたらいいのだろうか。

ところが、残念なことに（いや幸にも）、私たち人間はそこまで進歩してはいないのだ。

私たち人間が、まだ克服できていない問題がある。それは時間、つまり命の有限さだ。寿命は確かに延びた。だが、限りがあることには変わりない。

生命エネルギー保存の法則は、エネルギーと時間という有限のものをコントロールする。

いくらエネルギーを使わなくても、時間を浪費していると、生命エネルギー保存の法則が、焦り始める。自分の生きた証を残せたか。自分は種の保存に貢献したか。自分のＤＮＡはしっかり育っているのか。

現代人は、エネルギーを心配することがなくなったという理由からは、がんばらなくてもいい環境にある。では現在人々が幸せかというと、大きな疑問符がつく。〝がんばらない〟は、その場では楽である。しかし楽はそのまま幸せにはつながらない。エネルギーを使わなくても、時間だけは無意味に過ぎ、それは未来の不安を呼び、幸せのプログラムが働かないからだ。

選択肢が増えてしまった現代の環境の中で、我々に求められているのは、〝耐えること〟より も〝選ぶこと〟である。がんばるべき、つまり貴重なエネルギーを注ぎ込む価値がある分野を選ぶ能力であり、自分自身で生や幸せに責任をもつことでもある。

がんばるべき（がんばれる）ところでがんばる、時間を有効に使っているという認識が生命エネルギー保存の法則を満足させ、達成可能な目標に向かって前進しているという感覚が幸せのプログラムを働かせる。（図16）

そのためには、生きる目標（つまりがんばる意味があり、かつ達成できる目標）を選ぶ能力が必要になる。そこには、必然的にあきらめる能力が含まれる。別に〝耐える能力〟は美徳として残しておいてもいいが、それがあきらめの妨げとなっていては、時代に乗り遅れてしまう。時代はあきらめを求めている。

あることを止められない、がんばらずにいられない背景には「あきらめる」ことへの不必要な毛嫌いがある。

ここでは、中断することで仲間はずれにされるという恐怖におびえることを説明したが、止められない誤作動には、そのほかに、「できない」自分を認めたくないという恐怖、一番になれない恐怖、愛されないという恐怖…も関係している。

むやみにがんばるのではなく どこでがんばるかが大切

図16

ボリボリ
エネルギーは 使ってないのに (楽なのに) 幸せじゃない。
エネルギーは 使ってなくても 貴重な時間を むだにしておる! 未来のために 何かしろ!
これなら やる気がわくし、自分にも できる。 みつけたぞ、 自分らしい 生き方。
じわり系幸せ

いずれにしてもこれらは、すでに亡霊である。

つまり、現代の日本では、社会が発展し「がんばり続ける（あきらめない）」が時代遅れになっているのだ。しかし、あきらめない好きの日本人は、その変化についていけない。

それが、あきらめのバランスを崩し、いわゆる物事への不必要な執着を生んでいる原因なのだ。

chapter 6

第六章

「決められない」誤作動

いったん始めたことを止められない誤作動は、実は、様々なことを決められない、そしてそのために新しいことを始められないという「決められない誤作動」に根底ではつながっている。

Gさんのケース

Gさんは38歳、独身。商社に勤めるサラリーマンだ。仕事は順調にいっている。

Gさんの悩みは、結婚のことだ。

Gさんは、これまで女性に縁がなかったわけではない。むしろ学生時代はもてるほうだった。これまでに真剣に付き合った女性も3人いる。今も一人の女性と付き合っている。

ところが、結婚となると二の足を踏んでしまうのだ。

付き合い始めはいいのだが、女性のほうが結婚を匂わせるころになると、その女性の嫌なところがやたら目に付くようになってしまう。

いよいよ結婚を決めなければならないとき、決まってGさんは興信所に依頼して相手を調べる。

すると、おじさんが飲酒運転をしたとか、弟がサラ金に手を出したとか、本人が小学校のころ登校拒否をしていたなどという情報が入る。それでGさんは、結局結婚を断念するのだ。

Gさんは、多額のお金を払って、結婚紹介システムにも加入した。確かにいろんな人を紹介してもらえる。

しかし、最近は数回会うだけで、どうしてもそれ以上踏み込めない。

仕事仲間を見ていると、家庭に縛られているようで窮屈だと感じることもあれば、子どもの話をするときの笑顔を見ては、自分も早く結婚したいと思うこともある。一人でマンションに帰るのも、わびしいようでもあり、気楽なようでもあり。

俺は、結婚したいのか、したくないのか…

俺は、本当は、人を愛せないのではないか…

このまま、一人で死んでいくのもさびしいし…

かといって、妥協して誰でもいいとはどうしても思えない。

今日もGさんは、パソコンでお見合い相手のプロフィールを眺めている。

「決められない」誤作動の原因

情報の洪水に飲み込まれる（選択肢が欲しい、でも多すぎるのもいや）

人間は、選択肢が2〜3個あるのがちょうどいい。

短時間でも項目を覚えていられるのは最大七つまでだという。教育をしていれば、そのことはよくわかる。先生のほうは大切なことを一つも漏らすまいと、つい多くの項目を説明するが、生徒の頭にはほとんど残っていない。逆に教える内容を数点に絞った場合は、よく覚えてくれている。

比べる作業は、頭の中に同時にその項目を思い浮かべなければならないので、真剣に比べられるのは、二つか三つに限られるのだ。

逆にいえば、ヒトの歴史の中で、実生活での選択はせいぜい数個の選択肢ですんできたのだろう（もし、多くの選択肢から一つを選ぶ作業が多ければ、人の能力もそれに応じたものに発展していたからである）。

多くの選択肢があったとしても、二つの比べ合いの連続（トーナメント方式）で最も良いものを選ぶこともできた。例えば、多くの木の実から最もおいしそうな木の実を選ぶ作業の場合などである。全部の実をとってきて一つずつ比べ合えばいい。

トーナメント方式がなじまないのは、動物を一つだけ選ぶときだろう。大きさ、毛並みの良さ、食欲の良さ、乳の出具合、力の強さ…。比較する項目が多いのだ。様々な要素を頭に入れて1頭を選ぶには、選択肢は二つから三つが精一杯だった。

100人村で最大の選択は伴侶選びであろう。最も多くの要素を慎重に比較しなければならないが、100人のうち適齢の候補者はせいぜい5人ぐらいだっただろう。

というわけで、我々は今でも、選択肢が数点ある状態が最も落ち着けるのだ。もし、選択肢が一つしかなければ、それは主体性がなくなることで、未来を自分の手で切り開けない。未来に翻弄される不安が残る。

選択には多くのエネルギーを使う。情報を収集し、シミュレーションし、比較しなければならない。

最もつらいのは、まだ見ぬ選択肢があるのではないか、あるいは自分の知らない重要な比較項目があるのではないかという期待（不安）を、飲み込んで決心しなければならないことである。〝未来をあきらめる〟苦しさがある。

現代人の「決められない誤作動」の苦しさの根本は、ここにある。

あまりにも情報が氾濫し、選択ができなくなってしまっている。

一昔前は、家探しといえば希望の駅に行き不動産屋を訪ね、紹介された4〜5件の物件の中から選べばよかったし、選ぶしかなかった。

今は、自宅にいてインターネットで数千の物件を見ることができる。

数点に絞りたいという人の特質を考慮した絞り込みシステムもあるが、「この検索に引っからないもっと良い物件があるかもしれない…」という思いが、決断を鈍らせる。

結婚相手を選ぶときもそうだ。１００人村の時代は、昔からよく知っている数人の幼なじみの中から、相手を選べばよかった（それしかなかった）。しかし今は、どんなにすてきな相手と付き合っていても、「ほかにもっと良い相手がいるかもしれない…」という未来の可能性を捨てきれない。すると、今の相手の不満な点が、やけに大きく見えてきたりする。「やっぱり、今決めきれない」と、これまでと同じパターンが繰り返されてしまう。

いずれにしても、現代は情報が多すぎる。

誰かに決めてもらわないと、行動できない。ランキング本や雑誌のお勧めでもないと、食事にもいけない。

我々は豊かになり、多くの選択肢を持ったが、逆にその選択肢の多さに苦しめられているのである。

現代日本人の矛盾（自由にしたい、責任は負いたくない）

「決められない」誤作動は、選択肢の多さだけから生じるものではない。

日本人独特のある性質もこの誤作動に大いに関係がある。

農耕を主体とする集団での生活の結果、日本人は自分の感性を否定し、どこかに正しいものがあり、それを誰かから教えてもらい、そのとおりすることで幸せが来るという発想がしみついてきた。自分で考えて自分で選び行動するより、皆と同じように動き、皆に受け入れられていることのほうが安心感があるのである。

このことを考えるとき、ある笑い話を思い出す。

タイタニックから脱出する際、満杯のボートに乗り込もうとする男たちを制するとき、彼がアメリカ人だったら、

「あなたはヒーローになれます」と説得し、
彼がドイツ人だったら、
「規則だ」と説得し、
彼が日本人だったら、
「皆さんそうなさっている」と説得するという。
日本人の特質を大変うまく捉えていると思う。

本当は日本人だって、窮屈な集団に従うより、個人として自由にしたいという思いがある。しかしこれまでの長い農耕集団生活では、個人でいるより集団でいるほうが安全だったのだ。

日本人は、親の土地、親の仕事を継ぎ、そこはあきらめ、後はひたすらがんばった。耐えた。価値観が固定していると、自分の中で「どうしようもないこと」にジャンル分けされ、あきらめるかあきらめないかの問題ではなくなる。冬がやってくるのと同じレベルで捉える。ただ耐える問題。あとは冬の苦しみを減らすために工夫するだけだ。

そうするべきという規範が社会で統一している場合はそれでも良かった。しかし現代は、個性的でありたい、自由でいたいという人本来の性質を許す時代である。

結果的に、「自分の好きなようにしたい（自立欲求）」、「自分だけしかできない何かを求めたい（100人誤作動のひとつ）」、「自分の力を100パーセント出してみたい（興味のプログラム）」などの欲求がある一方で、他人と違うことをする不安がある。つまり、〝個〟が発達していない日本人が、個の自由が認められ（許され）、個の責任で行動する社会を生きていかなければならない。

個性豊かな行動をしたい、人と違う服装をしたいと思う反面、携帯でいつも誰かとつながっていたいし、ルーズソックスやミニスカートなどみなと同じ服装をしていたい。

自由にできるということは、恐ろしいことでもある。自由にした結果、仲間からはぶかれる恐怖が大きくなり、正しい道を進んでいるかの恐怖が大きくなる。その心配が大きくなると、自分の感じ方を否定し、他人の尺度ばかりを頼りにする傾向が出てきた。

多くの情報から、自分が正しいと思う道を選ばなければならない。自分の将来を完全に背負っているという負担感がある。集団行動のときは、従っていれば、深く考えなくてもなんとか生きていけたし、自分だけが社会から一人落ちこぼれる恐怖はなかった。

しかし今は、自分で考え、選ばなければならない。自分に自信がないと、これまでの癖でつい誰かを頼ってしまう。情報番組のお勧めを信じる。周囲の人の行動が気になる。

これは、いわゆる他人中心といえる。しかしその他人は、ころころ変わるので、とても疲れる生き方だ。心の奥底では、どこかに正しい生き方があると感じているが、社会自体の統一価値観が失われた今、誰もそれを与えてくれない。でも、求めている。日本人DNAだからしょうがない。（図17）

図17

決められない誤作動
中間目標
仲間はずれになりたくない
自分の人生を決める責任を負いたくない。
人と違うことをしたくない
誰かに正しい方向に導いて欲しい
社会に通じる尺度や濃い人間関係がなくなった。
コーラ～!! 正しく生きろ!
情報の多さ
選択肢の多さ
学校
選ぶ(あきらめる)練習を避けてきた教育。

❖――リーダーシップとあきらめ

実は〝決める〟という作業はたいへんエネルギーを必要とする作業である。決めるためには情報をさらに集め、過去のデータを分析し、将来のシミュレーションをしなければならない。エネルギー保存の法則からいえば、できれば避けたい作業である。

例えば、子どもが受験に失敗したときのこと、家族の誰かが交通事故にあったときのこと、家が大震災にあい消失してしまったときのこと、隕石がぶつかってきて日本が滅亡するときのこと…。

ほとんどの人はそんなことを考えたくないし、考えるエネルギー、警戒するエネルギーを使わない。

しかし、100人に1人ぐらいは、そういうケースを考え、種の生き残りを図らなければならない。原始時代は、物好き、神経質な人がその役目を担っただろう。

進化が進むと、人間社会はしだいに組織化されてきた。現代社会においては、そのような特別なケースを考え、先を読み、危機管理をしていくのはリーダーの役割になってきた。

だからリーダーはつらい。エネルギーを使う。しかしその見返りとして、権力欲の満足、尊敬、性交渉や食料の確保などの特権を得られる。

一方フォロワー（リーダーに従う人）は、日々気楽にすごせるが、自分に主体性がないというマイナスやリーダーより劣っているという劣等感を持たなければならない。富や性欲などを満足する機会も減少する。

人はそれぞれの能力により、どの程度リーダーか、どの程度フォロアーかを選択できる。選択しなければならない。そこにはあきらめのプログラムが適切に働く必要がある。

あなたが、リーダーばかりを育成するような組織、幹部候補生ばかりを募集する会社にいる場合は、いつか適切な地位のところで自分らしさ（リーダーの損得と、フォロワーの損得のバランス）を見つける必要がある。

日本の教育

これまで見てきたようにもともと日本人は、がんばり好きで、あきらめべたな性質を持っている。

本来なら、日本人ＤＮＡと実社会のずれを教育により是正していかなければならない。つまり、正しい「あきらめ」を教えるべきなのだ。ところが私には、最近の日本の教育は、日本人の〝あきらめにくさ〟をかえって助長しているように見える。本来は、社会の変化に応じて上手なあきらめを教えるべき教育が、逆に「あきらめない」ことを教育しているような気がするのである。

最近の小中学校では、差をつけることを極端に嫌っているように見える。

偏差値は廃止され、学科を成績順に張り出すことは一昔前の学園ドラマにしか見られなくなった。

成績表だって、絶対評価。つまり能力がある人とない人の差がでない。

運動会でも個人種目が減り、あっても差がないような組み合わせになる。

一つの欠点が、いじめにつながるという懸念を反映しての施策だろうが、このような雰囲気は、子どもたちに負けること、人に劣ることが、まるで悪いことのような印象を強めてしまう。ある分野で〝人に劣る〟という事実を認める一瞬の苦しさを、丁寧に避けているだけだ。


これらの教育の結果、確かに子どもたちは「自分には可能性がある」と思い続けて育つだろう。「がんばれば道は開ける」と信じるかもしれない。

現実に、学校で与えられる課題は、勉強であれ、運動であれ、がんばればそれが結果として表れやすい種目である。しかも、最近の通知表では、成果よりこの態度（がんばること、あきらめないこと）を評価する。


つまり、このような学校の態度は、自分に対する過度の期待と、がんばることへの過度の信頼と、あきらめることへの恐怖を植え付けているのだ。

しかし、現実の社会は過酷である。生きていけるだけの裕福さはあるが、すべての人の夢がかなうほどの理想郷ではない。

現実に、すぐに受験がある。すぐに恋に破れるという経験をする。友達から仲間はずれにされるという経験も、完全には避けられないだろう。

これらは、がんばることで乗り切れる性質のものではない。このような課題に直面したとき、あきらめのバランスが良い人は、単に「自分には○○の実力がなかった」「運がなかった」「相手が悪かった」と考える。

しかし、バランスが悪いと、「自分のがんばりが足りなかったからだ」と考え自分を責めるか、「自分は何をやってもうまくいかないんだ」と自分の全部を否定してしまう傾向にある。

日本の今の教育は、生きていく上で必要な〝あきらめ〟の苦しさを先延ばししているだけだ。それは、まるで全員に社長の可能性があるよというエサを見せながら、労働と忠誠を強要するこれまでの日本の社会の縮図でもある。

集中の原則

軍隊の運用に集中の原則というものがある。（図18）

戦術の素人（一般人）は、敵が陣地を構えているのを見ると、敵の全正面を攻撃してしまいがちである。あるいはしなければならないと思う。確かにすきもあるし、攻撃できそうだ。

図18

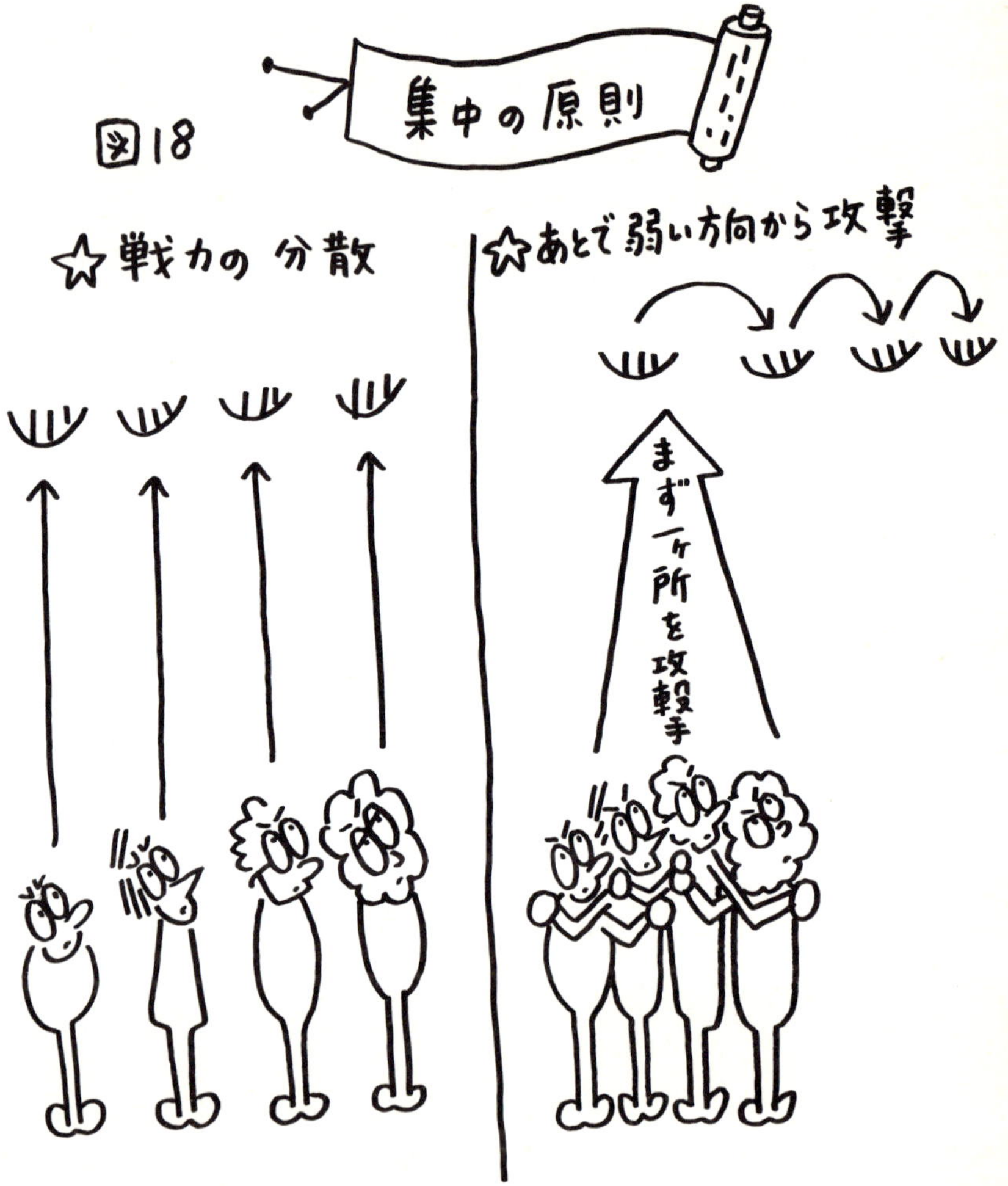
集中の原則
☆戦力の 分散
☆あとで弱い方向から攻撃
まず一ヶ所を攻撃

しかし、この戦術は〝戦力の分散〟といって最も避けるべきことだと教える。戦力が分散すると局所の戦いで圧倒できず、派手ではあるが、結局戦力の無駄遣いになってしまう。

それより図のように敵の一点に対し、こちらの力を集中するのだ。単純であり最も力が入る攻撃の方法である。

集中の原則があるのは、人はつい、戦力の分散に陥りやすいという戒めである。戦力を分散しないためには、すきがあるすべての個所に攻撃したいという衝動を〝あきらめる〟ことが必要だ。

最も効果的な場所だけを自分の責任範囲と捉え、そこに力を集中する。これが人が生き延びるときの最も重要な秘訣であった。ひとつに絞ることは、苦しみのプログラムにより欲求をランキングするシステムにも備わっている。これに〝集中の原則〟が加わったのだ。

〝ここと思える一つの目標に向かって力を注いでいる状態〟が最も未来の安全・生存の確率の高い状態なのである。

当然この状態は幸せのプログラムにインプットされた。人はこのようなときに最も不安が低下し、いわゆる生きている・充実しているという感じを持つようになったのである。

ひとつに絞るということ、つまり選ぶ、決心するということは、幸せになるための重要なポイントなのだ。

これまで、〝できない〟ことへの恐怖や、100人誤作動の一つの〝人に劣る〟ことの恐怖があきらめの天秤を働きにくくしている原因であることを説明した。

現代社会では、人に劣っても生きていけるし、未来も生きていける。それでも「これをあきらめたら生きていけないんだ」という漠然とした恐怖が我々の行動をコントロールしているのだ。

それは、目の前に道路が見えるのに、以前転んだ恐怖が忘れられなくて、足がすくんでいる状態だと言える。あつものに懲りてなますを吹く。一歩踏み出せば、その感じは変わってくる。

乗り切り方については後に譲るとして、あきらめの天秤に乗っているほかの重りについてもう少し話を進めよう。

「満足しない」誤作動

chapter 7

第七章

我々日本人は、客観的に見て（世界的に見て）かなり幸せな生活をしている。生命の危険は少なく、衣食住はほぼ保障されている。なんと国民の90パーセント以上が自分のことを〝中流〟だと認識している。

しかしながら、今は幸せだと感じる人は、それほど多くはない。

傍から見れば、とても幸せそうに見える人々も、話を聞いてみると様々な不安・不満を抱えている。

劣等感にさいなまれる医師Hさん

Hさんは大学病院に勤める中堅の外科医である。

医師になって20年、同期には大学の教授になった者もいる。開業している者も多い。学会などに行くと、みな肩で風を切って歩いている。取り巻きも多いようだ。

それに引き換え自分は、まだ一介の講師。直属の上司であった教授が学部長になれなかったことも一つの原因である。

自分は診療には自信がある。しかし、スタッフは助教授である同期の指示を受けたがるようだ。

確かに彼は明るく人当たりもいい。しかも助教授だ。

Hさんは、次第に研究論文も出さなくなり、学会などへも顔を出すだけ。宴席などはことごとく避けるようになってしまった。

周囲から見れば、立派な外科医のお医者さんなのだが、

「自分のような落ちこぼれは、医者に向かないのかもしれない。辞めようかと思っているのだ」

と、力なくつぶやいた。

「満足しない」誤作動の原因

（図19）

情報によって歪む「できる」という感覚

ここでも、異常に発達した情報が、私たちを惑わせる一因となっている。

例えば歌手がトーク番組などで、長かった下積み生活を語ると、「やはり、夢はあきらめなければかなうのだな」と納得してしまう。

前に触れたように、確かに、私もそういう姿勢は成功の秘訣だと思う。

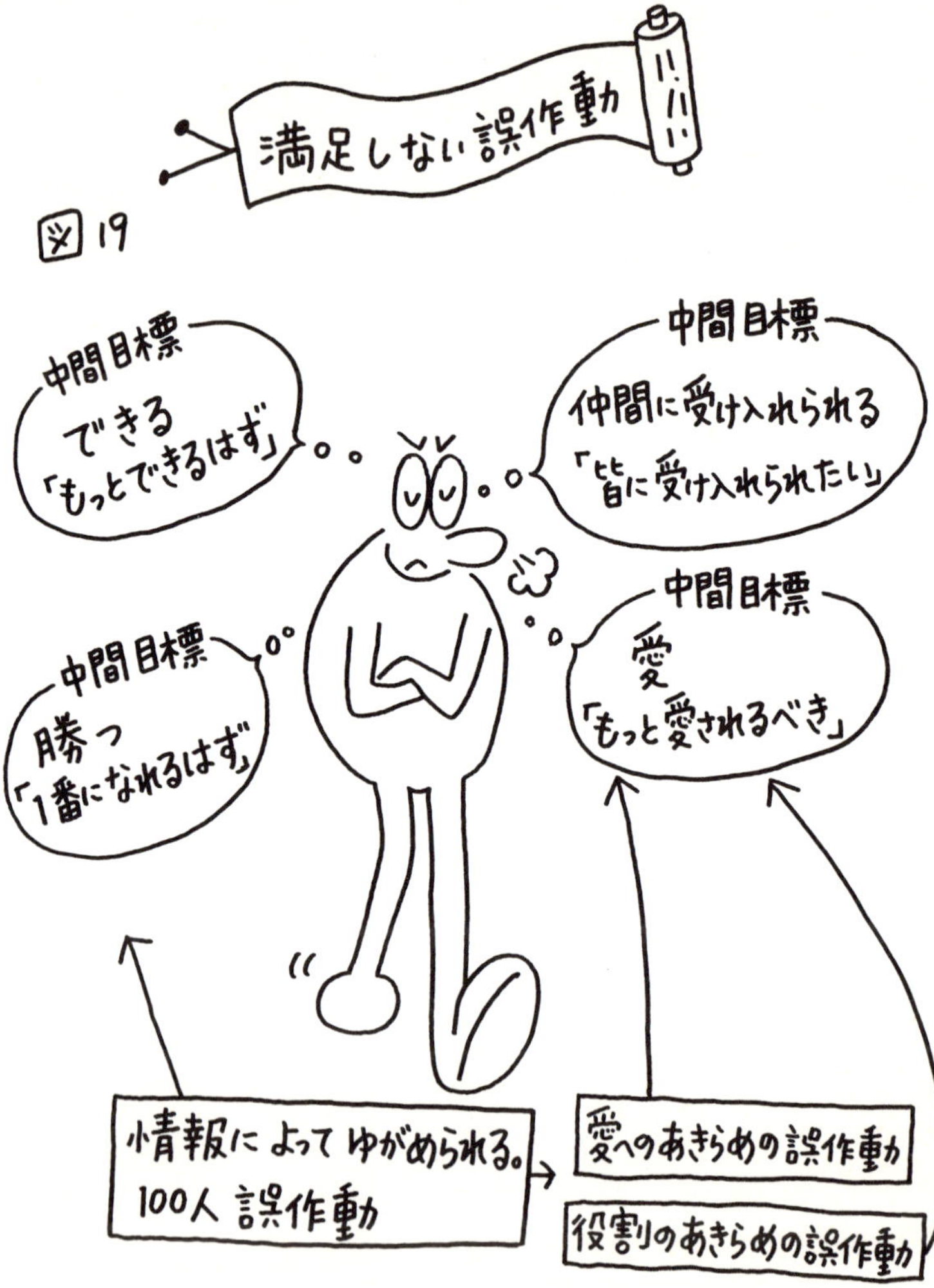
満足しない誤作動
図19
中間目標
できる
「もっとできるはず」
中間目標
仲間に受け入れられる
「皆に受け入れられたい」
中間目標
勝つ
「1番になれるはず」
中間目標
愛
「もっと愛されるべき」
情報によってゆがめられる。
100人 誤作動
愛へのあきらめの誤作動
役割のあきらめの誤作動

しかし、少し冷静に考えてみて欲しい。夢とはもともと〝可能性の低いもの〟であるはずだ。可能性が高いものは、あまり夢という表現はしない。

夢のもう一つの側面は、（その人にとっての）見返りが非常に大きいということだ。例えば、宝くじ。これは、まさに一攫千金の夢だ。パチンコ、競馬などのギャンブルもそうである。かなり確率が低くても、見返りが大きいとそれを捨てることができない。

負けが込んでくると、これまでの負けを一気に取り戻そうと、一発逆転の高い配当（見返り）のギャンブルのほうに心が惹かれてしまう。

確率が低いことは知っている。しかしその確率は0ではない。現に成功した人はいる。

ここで、我々は、情報にだまされてしまうのだ。

成功した人の情報は手に入りやすい。

そんな情報に触れると、自分も…という気持ちが大きくなるのは自然だ。

これも、100人で考えてしまう誤作動の一つだ。100人の内、何人かが当たったというように感じてしまうのだ。実際は、数億分の一の確率なのに。

このように、「自分には可能性がある（できる）」と感じるのは、マスコミに踊らされている部分があるのだが、それだけなら不安がりの現代人が行動を開始するのを後押しするという意味で、それほど害はない。

一番の問題は、私たちが満足しないということである。

仮に何らかの成功を勝ち得たとしよう。それで満足し自分に自信をつければいい。ところが我々は自分のバーチャル１００人と比較してしまう。その結果、客観的にみればかなりの成功であるにもかかわらず、「自分はまだまだだ」と感じてしまうのである。すると自信は生まれず、むしろ劣等感が広がる。

マスコミが発達したおかげで、私たちは情報の渦の中で生活している。その情報の中には、成功した人々がたくさん出てくるし、日本人の好きな「がんばり続ければ（あきらめなければ）成功する」というパターンも紹介される。私たちのバーチャル１００人の中には、そんな「あきらめなかったから成功したんだ」という人物が何人もいるのだ。それに比べれば、自分は能力や努力が足りないと感じてしまう。

これが、「自分に満足しない」誤作動のパターンである。

またこれは根底では、できない自分を認めたくないという「止められない」誤作動にも通じている。

「満足しない誤作動」は、それだけではない。

自分と同じ主婦、サラリーマン、学生であっても、ドラマや映画のなかでは、燃えるような恋をしたり、仕事やスポーツに打ち込み充実した毎日を送っていたりする。同僚や家族、先生などから大切に扱われている。

我々は、そんな姿をひとつの「当たり前の姿（自分にもその可能性がある、自分が受け取るべき処遇）」と考えてしまう。比較のプログラムや期待のプログラムが働くのだ。

集団生活をするなかで、本来自分が受け取るべき処遇や分け前を確保するのは、生き延びるために重要な能力であった。しかし現在では、100人誤作動にゆがめられた情報の中で、私たちはいつまでもないものねだりをしてしまう傾向にあるのだ。

特にそれは、身近な人々への不満になって現れてしまう。

「役割」へのあきらめの誤作動（〝自分の仕事〟と認められない癖）

人の行動に強い影響を与えているのが、「役割」意識である。これは比較のプログラムと連動して、私たちが満足するのを妨害している。

▼役割とはなんだろうか

役割とは、ここでは、100人村の中で仕事（自分の能力に応じ、かつ100人村を支えるために必要不可欠な仕事）を与えられた状態のことだと思って欲しい。

これをやっていれば、自分は集団から大切にされ、結果として生きていける。自分はそのために少ないエネルギーから必要最小限のエネルギーを使用する。

逆にいうと、エネルギーを使うに値する仕事ということでもある。

この役割は常に、他者との関係の中で意識される。

自分はこの仕事を提供する。他の人は他の人なりに仕事を提供する。そのとき、我々は「生命エネルギー保存の法則」から、自分の仕事量が本当に必要なものかを厳しくチェックする。分け前のチェックは、比較のプログラムが主に担当するが、自分が余計な仕事をしてはいないかは、役割ごとに違うので、かなり微妙な比較になる。

自分は、この仕事をしている。相手は違う仕事をしている。

問題は、二者の間で、どちらがやるべきかあいまいな仕事が生じたときだ。そのときは、できるだけ相手にその仕事をしてもらいたいという欲求が生じる。自分がやるとしても、必要最小限だ。

一昔前までの日本では、社会における暗黙のルールがあり、その人の役割が比較的明確だった。

良いか悪いかは別にして、主婦はこうあるべき、夫はこうあるべき、女性はこうあるべき、男性はこうあるべきという尺度みたいなものがあった。そしてそれはかなり明確で、社会一般に通用するものだった。

上司と部下、学生と教師、親と子ども、年配者と若者…。

大体その行動は予想できたものだ。

それは、個人の職業にも言える。

江戸時代までは、ほとんどの場合親の仕事が自分の仕事になっていた。

しかし、現代はそれが大きく変わってきている。

社会が豊かになり、日本人の前には、以前に比べて職業を選ぶ自由が格段に広がってきた。

一方、男女差や年齢差による「こうあるべき」という尺度も音を立てて崩れつつある。

今、日本で唯一説得力のある規範は「人に迷惑をかけてはならない」ぐらいのものであるという。

援助交際をする女子高生に、罪の意識はほとんど感じられない。ましてや結婚するまで貞操を守るなんて発言しようものなら、まさに原始人扱いされかねない。

ところが、この社会の進歩？（職業選択の自由、尺度の崩壊）が我々のエネルギーを大変消耗させる、役割の崩壊をもたらしていることに気がついている人がどれぐらいいるだろう。


二者の間にあいまいな仕事が生じる。するとお互いがそれを避けたがる。一方が持つ相手の役割イメージと、もう一方が持つ役割イメージが一致しないと、その作業をめぐって戦場が発生するのだ。

例えば、卑近な例では、家事の問題がある。

妻は、家事は家族で協力し合うものと思っている。

つまり自身も仕事をしている妻は、自分の役割に家事を全面的に請け負うことは入っていない。むしろ妻にとって家事の一部は夫の役割の中に入っている。

一方夫は、自分は給料を稼ぐ役割と認識している。

妻が仕事をするのは、自分の生きがいのためだ。だから家事は当然妻の役割だと考えている。更に、高校生の娘や中学生の息子は、家事は両親の役割で自分の仕事ではないと考え、両親は、もう十分大人なのだから、応分の家事は担当すべきだと思っており、それをしつけとして強要する。

…戦場だ。

▼「役割」へのこだわりが、あきらめを鈍らせる

例えば先の例で、夫は家事を分担すれば良い。家電が発達した現代では、たいした労力ではない。しかし「生命エネルギー保存の法則」は、今をエネルギー危機として捉えてしまうので、どうしてもその余分な仕事を受け入れにくくなる。

さらに、その役割は〝今だけ〟ではない。このまま一生その仕事が自分の担当になるのである。エネルギー担当大臣（生命エネルギー保存の法則のこと）としては、簡単には納得できない。

かくして、くだらないことであるにもかかわらず、それを自分の仕事と受け入れることに大変な抵抗感を感じてしまうのだ。

もし、不当な仕事を押し付けられ、それに対しあからさまな抗議ができないとしたら、最悪である。

あなたは、不当なエネルギー消費をよぎなくされ、生命の危険（実体はなくとも）にさらされるのに、それを排除する行動も取れない。つまり、がまんしなければならない。がまんという作業は、大変エネルギーを使う作業である。

それはこういうことだ。（図20）

まず、不当なエネルギー消費を強要されると、それを回避するための行動を起こすため、体が様々な準備をする。頭では相手にいかに攻撃しようかというシミュレーションが続き、体では攻撃に備え、心臓がどきどきし、体も打撃に備え硬直する。頭、体の筋肉、内臓すべてが活動するのだ。そのためのエネルギーが使用される（Ｅ１）。しかし、それを発動してはならないとなると、行為を止めるエネルギーが更に必要になる（Ｅ２）。押さえる力Ｅ２は元の怒りのエネルギーＥ１が大きくなればなるほど、大きくなってしまう。更に悪いことに、Ｅ１だけならほどなく行動に移り、継続的エネルギー使用は終了する。しかし、行動を行わない状態は、継続的にエネルギーを使ってしまう状態が長引くことを意味している。エネルギー保存の法則はその状態を不安がり、不安のエネルギーを使ってしまう（Ｅ３）。

つまり、「役割」に関するトラブルは、三重の意味で我々の貴重なエネルギーを消耗してしまうのだ。

会社で、自分の仕事ではないと思う仕事をやる羽目になり、何の見返りもないとなると、大変苦しい思いをする。

実際の仕事は大したことないのに
現代人は 必要以上に疲れてしまう
図20
がまん
それは おれの
仕事じゃない!!
エネルギーへの危機感
E1
まあ、おさえて
E2
それは ずっと
続くのかという
不安 E3
実際の仕事量
EX. 家事、食料集め
実際の仕事
原始時代

Ａさんがそうであった。しかし同じく仕事を押し付けられたと思えるＢさんは、苦しそうにしていない。

どうしてだろう。

実は、Ｂさんは、将来その押し付けられた仕事のほうで自分の力を試してみたいと思っていたのだ。つまり、Ｂさんにとって、その仕事は自分の役割だったのである。

Ｂさんは、運良く「役割」の戦場に陥ることがなかったが、Ａさんは、簡単に役割の呪縛から抜けきらず、単にその仕事をする以上にエネルギーを使ってしまうのだ。

人は、役割についてあきらめると、行動が軽くなる。

もともと問題になっているその仕事を請け負うことで、死ぬかもしれないほどエネルギーを消耗することはないのだ。役割をあきらめることで、例の三重苦から解放される。怒りもなくなり、人間関係も良くなる。

▼情報により「役割」が一人歩きする

さてこの「役割」だが、役割の狭間でエネルギーの消費を避けることは、ＤＮＡに組み込まれていても、役割自体は、生まれてから社会で身につけるものだ。

例えば、１００人村では、村の男たちや自分の父を見て、〝男〟や〝夫〟の役割を、村の女たちを見て〝女〟や〝妻〟の、村の大人と子どもの関係を見て〝大人〟や〝子ども〟の役割を覚えた。

自分が持っている役割は、将来妻になる人が持っている役割とそう違いはなかったし、実際に自分が見て触れてきた、つまり地についた役割であった。


ところが、現代はそれぞれの人の間で役割が大きく異なり、それにより役割の狭間の戦場が生じてしまう。

100年前までは、よほどのことがない限り九州の男性と、北海道の女性が結婚することなどありえなかった。

交通や通信の発展により拡大した交流がこのような役割の戦場が生じる一因となっている。

さらに問題を複雑にしているのが、情報だ。

例えば、同じ家族の中でなら親と子との間で、親子に関する役割が大きく変わることは考えにくい。しかし現実にはこれが多発している。

それは子どもが、自分の親や近所の親の姿から親の役割を作り上げるだけではないからだ。むしろテレビのドラマや映画、本などで見る親のイメージが〝親〟を形作っている。そのようなメディアで紹介された親のうち、悪い親ではなく、理想の親がインプットされ、親とはこうあるべきと認識されてしまう(期待のプログラム)。

子どもは、この理想の親と、実の親を比べてしまうのだ。

テレビの親なら、こうしてくれた。でも、自分の親はそれをしてくれない。そのギャップに苦しむ。

それは、次の項で述べる愛へのこだわりでもあるが、こうあるべき親という役割の問題でもあるのだ。

また、男女間の「役割」も「愛」へのこだわりとともに、我々を必要以上に苦しめる。

我々が恋人や妻に求めるのは、現実に自分の周りにいる女性がモデルになっているのではなく、昔読んだ物語のお姫様であったり、好きな映画の主人公であったりする。

もともと、物語は理想的に描かれているのに、その姿を役割として自分の相手に求めてしまう。

衝突しやすいのが、家事や育児、金銭に対する態度（性格の不一致）、パートナーの異性関係やいわゆる〝性の不一致〟。これらは、離婚の主な原因にもなっている。

特に性に関する情報は、現実の人間関係の中ではフランクに語られない。入ってくるのは本やビデオの情報が主体である。売れることを目的とするメディアの表現は勢い過激になる。しかし我々はそれを「世の中はこうだ。妻（夫、恋人）はこうしてくれるべきだ」と思い込んでしまう。ところが、現実がそれを拒否するとき、我々は必要以上に苦しんでしまう。

相手の仕事だと思っていることを、相手がしてくれないと、エネルギー保存の法則は不満を言う。

「でも、現実はそんなもんだぜ」という冷静な自分が、不満を口にすることを〝がまん〟させる。その結果エネルギーを使うことは先に述べたとおりだ。

さらに、これをやってくれないのは、自分が愛されていないからだと、「愛」がだだをこね始める。

かくして、必要のない怒りが相手に対して向けられ、人間関係が壊れてしまう一因になる。

次は、だだをこねる「愛」について考えてみよう。

愛のあきらめの誤作動

愛の喪失は、昔から我々にとってとてもつらい出来事である。

それは、雌雄に分かれる戦略をとったヒトの宿命だともいえる。

しかし、私にはこの人間の本質的な苦しみも、現在では誤作動しているように見える。つまり、本来感じる以上の苦しさを感じている。あるいは、こだわる必要のないところでこだわっている。そんな状態に見えるのだ。

愛（性愛）は、子孫を残すための重要な機能だ。

異性を愛し、結ばれる。少なくともその後3年間は二人で協力し新しい命を育てていく。原始時代の過酷な環境では、二人の協力がなければ抵抗力のない赤ちゃんはすぐに死んでしまったであろう。

だから愛は、肉体的なものだけではなく、子どもを育てる協力関係を維持するための精神的な機能なのである。

さて、現在ではどうであろう。

医療の発達により、新生児の死亡率は（日本では）激減した。生活も裕福になり、たいした労力をかけずに食べていけるようになった。水は水道をひねれば出てくるし、原始時代に比べ安全も保障されている。男に守ってもらわなくても子どもを育てていける時代になったのだ。

種さえあれば（へたな表現でごめんなさい）、面倒くさい結婚生活はいらないという人もいる。

逆に男だって、新生児のころからベビーホテルや保育所が母親代わりを務めてくれる。つまり、現在は客観的には愛がなくても子どもは育つ（ＤＮＡを残せる）時代なのである。また、仮に一つの愛に失敗しても、現在では次の愛を求めることは、自分から拒否しなければ、比較的容易である。

１００人村では、適齢期の異性は少なかった。だから、一つの失恋が、子孫を残せないという結果につながる可能性は確かにあっただろう。しかし今は、まさに分裂・再結合の時代。離婚、再婚は当たり前だ。

さらに、出会いの可能性も１００人村とは比較にならない。今ではその気になれば、インターネットや電話などというメディアを通じて、様々な年代、地域の異性と明日にでも知り合える。

ロマンのない言い方だが、現実には「愛」がなくても生きていける（DNAを残せる）時代に突入しようとしている。〝種〟も〝育児環境〟も原始時代と比べて簡単に手に入り、たとえなくしても、補うことも容易だ。

しかし、我々は一方で、愛を求めている。

現実はそれほど必要ないのに、我々のDNAには、「愛を求めよ」という指令が強く働いている。「愛」はかなり強力な吸引力のある中間目標なのだ。

だから我々は「冬のソナタ」のような純愛ものに惹かれてしまう。

愛を失わないように、必死に努力してしまうし、愛を失ったとき、悲嘆に暮れてしまう。

何かをあきらめることが、愛に関連することであった場合、あきらめの天秤は、なかなか動かないことになる。

▼親の愛・子どもの愛

これまでは性愛（男女間の愛）を中心に見てきたが、愛の誤作動は、親子の間でも発生する。

生物学的未熟児として生まれる人間の子どもは、親から愛されなければ生きていけない。だから、親に愛されたいし、守ってくれる親を慕うようになる。そうインプットされている。

ところが実際には、親はなくても子は育つ時代だ。

親が夕食を作ってくれなくても、子どもはコンビニやファミリーレストランで食べていける。

親が守ってくれないと外敵に殺されてしまうような危険もない。

しかし、我々は親の愛を求める。親の愛がないと生きていけないような錯覚をしてしまう。大人になって、本当に自分だけで生きていけるのに、もう既に親の面倒を見てもいい歳なのに、親から愛されていない（いなかった）ことに苦しむ人は案外多いものだ。

反対に、子どもに対する愛（ここでは、子どもから愛されるというテーマ）に苦しむ人もいる。

通常、親は子どもを自分の支配下におきたがる。子どものＤＮＡは自分のＤＮＡ。せっかく大きくなった自分のＤＮＡが、なんらかのきっかけで危険な目にあうことを恐れるのだ。愛しているからこそ支配下におきたい。

ところが、生きる危険が少なくなった現在、親の支配は子どもにとって「自由を奪われる」と受け止められる。

一方で、親は子どもに愛されたいとも思っている。

子どもへの愛は、老後自分の面倒を見てもらうという前提がある。過酷な農業や狩ができなくなった。そのとき生きていくためには、子どもの力が必要だ。親が子どもを大切にするのは、自分のＤＮＡを残すという直接的な動機があるが、子どもが年老いた親の面倒を見るのは、子どもにとってあまりメリットがない。頼るのは「愛」のプログラムだけだ。

現代社会では、親と子は適当な距離を保っていたほうが生きやすい。密接に協力し合わねば生きていけないという時代ではないからだ。にもかかわらず、親の愛が子どもを支配したがる。

結果としてその行為は、子どもから疎んじられ、親は子どもに愛されていないと感じてしまう。子どもに対する愛をあきらめられないために起こる悪循環だ。

さらに「愛」には、親はこうあるべき、子はこうあるべき、夫は妻はこうあるべきという「役割」の重りも加わることがあり、それがいっそうあきらめの天秤を動きにくくしていくのは、先にも述べたとおりだ。

さて、これまで主に、〝ある行動を止めること〟に対する考察をしてきた。

しかし、あきらめたつもりでも、あきらめきれない、つまり未練が残っている状態も、我々を長期間苦しめる。そして、それがあまりにもエネルギーを消耗してしまうとき、あきらめの悪さは精神疲労へと結びつき事態をいっそう悪化させてしまう。

そこで、次は、事態を受け入れられず（あきらめがつかず）、悶々とした日々を送る結果、精神疲労を蓄積していくケースについて考察してみよう。

chapter 8

第八章

「忘れられない、受け入れられない」誤作動

❖自分で選んだつもりなのに後悔ばかりのSさん

中堅の電機メーカーに勤めるSさんのケース。53歳。

バブル期に入社した。同期はすでに部長クラスなのに、自分は課長である。それもあまり重要だとは思われていない課だ。

自分は、同期に負けないぐらいがんばってきたと思う。それなりに成果も上げてきたつもりだ。ただ、1回上司とけんかをした。しかしそれもクライアント（取引先）の立場に立って行動したためで、後悔はしていない。

その直後、地方勤務を命じられた。それでもめげずにがんばったつもりだ。支店長にも認めてもらい、3年後には本社に戻った。しかし、この歳になるまで、第一線の仕事を任せてもらったことはない。そうこうしているうちにもう一度、地方勤務の打診があった。

そのポストはそれほど魅力的ではない。そのポストを経験した先輩たちの経歴を見れば、自分が会社からどのように評価されているのかが、わかったような気がした。

もう出世はあきらめた、家族のためにマイペースで生きる、会社人間にはなりたくないと決心して、地方への転勤を断った。それは正しい決断で、自分なりに納得の上でのことだと信じていた。だからもう未練はない。

しかし、同期入社でも、あいつだけには負けないと思っていた同僚が、部長になって帰ってきたのだ。

他のやつなら許せたが、あいつだけはと思っていた彼に、「オウ、元気か。部長室に遊びに来いよ」と声をかけられたときに、大きな屈辱感を感じてしまった。

「自分では、整理がついている問題なんだが…」

大きなため息が漏れた。

「問題ではない」「納得はしている」と繰り返す彼の顔には、苦しさがにじみ出ていた。

あきらめを受け入れるのは難しい

あきらめが難しいのは、これまで触れてきたとおりである。

しかし現実を生きている我々は、結果として、あることをあきらめなければならない事態に数多く遭遇することになる。

愛する人を失うとき、試験に落ちたとき、出世レースから外れたとき、リストラされたとき、友達が離れていったとき、大災害に遭遇したとき、必死にがんばってきた会社が倒産したとき、預けていた銀行がつぶれて預金が台無しになったとき…。

どうしようもない現実を前に私たちは、必死に「あきらめよう」とする。

ところが、中にはなかなかあきらめきれずに、ずっとそのことを引きずってしまう場合がある。それが心の傷になったり、そのために自信を失い、生きるエネルギーをなくしてしまうことさえある。

あきらめのプログラムは、省エネプログラムである。表面的にはある行為をやめさえすれば、そこに費やされるエネルギーの無駄遣いを避けられるように見える。しかし、「受け入れること」に失敗すると、あきらめのプログラムが誤作動し、たとえその行為を止めたとしても、結果としてエネルギーの消耗が大きくなることがあるのだ。

エネルギーの消耗が厳しい状態に達すると、あきらめのプログラムが〝ある出来事〟をあきらめるのではなく、ついには〝生〟をあきらめる誤作動や「絶望のプログラム」の誤作動に発展することもある。

私はこれを、あきらめのプログラムの最悪の誤作動だと考えている。

どのようにしてこれらの誤作動に至るのかを検証してみよう。

「忘れられない、受け入れられない」誤作動の原因

「忘れられない、受け入れられない」誤作動の主役は、自責のプログラムと、「忘れよう」とする対処である。この二つの相乗効果で、我々は、過去のことに引きずられ、本来大切にするべきエネルギーを消費し続けてしまうのである。

自責のプログラム

そもそも自責感というのは、「この事態は、自分の行為のせいであり、だからこそ自分が行動しなければならない」という認識に基づいている。つまり、この事態は自分が活動することで打開できるという可能性の判断と、だからエネルギーを使え、努力せよという活動の指示の二つから成り立っている。

人は、これまで経験したことのない事態に遭遇すると、まず自責で考えようとする。事態をただ受け入れるより、自分が何かすることで事態が変わるという仮定で行動することにより、実際に状況を変える可能性が高まる。究極のポジティブシンキングとも言える。

この自責を強く持っていたおかげで、人は環境をコントロールし、地球最強の地位を確立できたのだ。

視点を変えると、人には事態を「自責で考えたい」という側面もあるのだ。

例えば、原始人の生活は、天候や気象に大きく影響されただろう。日照りが続くと水がなくなり、作物も枯れる。

そんなとき、人々は雨乞いを始めた。自分たちが何か悪いことをした→自分が雨乞いをする（神に謝る）→神が怒りを鎮める→雨が降る、と発想したのだ。これは天候も自分たちの行為の結果で変わると思っているからだ。

自分のコントロール内であると思えると、次から悲惨な事態を避けることができるし、事態をより良い方向に変化させることもできる。

人が、ジンクスを信じやすいのはこのためだ。特に事態に対する情報が少ないときにはこの傾向が強くなる。

例えば、ある悲惨な出来事があったとしよう。それがもし自分のせいだとすると、強い後悔を感じるだろう。しかし、もし自分のせいでないとすると、次にそのような悲惨な出来事が生じるのを誰もコントロールできない。自分は、その悲惨な出来事を避けられない不安定・不安全な世界に生きていることを認めることになり、とても落ち着いていられない。

だから、悲惨な出来事が生じたとき、人は自然に自分のせいだと思う傾向があるのだ。

この傾向は、周囲が「おまえのせいだ」などというサインを出すと、いっそう確固たる思いに強化される。

例えばレイプの被害にあった人が、警察の質問で「合意ではなかったの?」と聞かれ、「やはり自分が悪いのだ。自分に隙があったから狙われたのだ。皆がそう思っている」と自責を強めてしまうのは良くあることである。

両親が離婚するという突発的で悲惨な事態に対し、子どもが「ごめんなさい。僕はもういい子にするから」と自分のせいだと思うのもこのためだ。

自分のせいなら、自分で何とかできる。でも、自分のせいでなければ何ら対抗手段がない。だから、ある課題に対し、自分の能力が及ばない、つまり自分の責任でないと認めることが怖いのだ。

人が、自分の生きる目標となっていた〝あること〟を失った場合を考えてみよう。

例えば、愛する家族を失った、一代でつくり上げた会社が倒産した、ずっと目標にしていた国家試験に落ちてしまった。

このとき情報が少ないと、人は自分のせいだと考えてしまう。

この自責は「忘れてしまう」対処と結びつくと、あなたを長く苦しめることになる。

「忘れてしまう」対処の危険性

ある葛藤がある。それを、なかったこととして毎日を過ごしている。つまり、忘れることにした。しかし、ふとしたときに「ほんとうにこれでよかったのか」と後悔してしまう。何か自分の人生なのに、仕方なく今の自分がいる感じ。もう少し違う人生を送れたのに…。

このような引きずる思い、つまりあきらめの悪さは、忘れようとする努力で整理するのは難しい。忘れようとするのは確かに立派な対処法だと思う。しかし現に「忘れたつもり」でも忘れられない自分がいて、それが問題になっている。

忘れることによる限界は次のようなものだ。

まず、ある苦しい状態や困難な選択を迫られる状態に陥る。自分なりに納得し、ある感情

（例えば、彼女と結婚したい、出世したい）は忘れてしまう。なかったことにして毎日を過ごす。それで、ある程度はうまくいく。

しかし、忘れようとして忘れる方法には、ひとつの落とし穴がある。

それはこういうことだ。

唐突だが、ためしにいま、カタツムリを思い出して欲しい。

十分思い出していただけただろうか。アジサイの葉っぱや飼育ケースの側面をゆっくりはっている姿を、できるだけリアルに思い出して欲しい。

思い出すことができたら、これから、1分間だけカタツムリのことを絶対思い出さないように努力して欲しい。何をしていてもいい。でも、カタツムリだけは意識に上らせないようにがんばって欲しい。では、本を置いて1分がんばってみよう。

どうだろう、うまくいっただろうか。おそらく残念ながらほとんどの人が、失敗したに違いない。思い出してはいけないとわかっていても、あの、いまいましいカタツムリが頭の隅に浮かんでくる。振り払おう振り払おうとすればするほど、結果的にカタツムリにイメージが占領されてしまった人もいるだろう。

なぜ、こんなことになるのだろうか。

実は、忘れようとする動作は、意識に上げないようにする作業である。

意識を運動場だと仮定すれば、ある人を運動場に入れないようにしようという作業をすること同じだ。その人が運動場に入らなければ、その人のことを考えなくてもいい。

具体的にいろんな人が運動場に入ってこようとするとき、〝その人〟を他の人から見分けて、排除する役割が必要になる。門番だ。しかしここで困ったことがおこる。門番も意識、つまり運動場側の人間だということである。つまり、運動場に入れないようにするためには、門番はそのことを忘れてはいけない、いや絶対入れるなと言われれば言われるほど、その人の顔写真を必死で暗記してしまわなければならないのだ。

つまり、忘れようとすると、意識がその鋳型を覚えてしまう。しかも、思い出すことが恐怖であればあるほど、その鋳型はがっちりと覚えられてしまう。

忘れるプラス自責のプログラムでエネルギー消耗

（図21）

忘れる作業のもう一つの問題点は、分析作業がストップするということである。

通常我々はある出来事があると、その出来事に関して、情報を集め、様々な方面から分析し（考えて）、自分なりに落ち着ける形で、その出来事を受け止める。

例えば、試験に失敗したとしよう。

最初はショックが大きいだろうが、その人は様々な情報を集め始める。

他の受験者は、ライバルは、どうだったのか。例年に比べて合格者は多いのか少ないのか。

図21

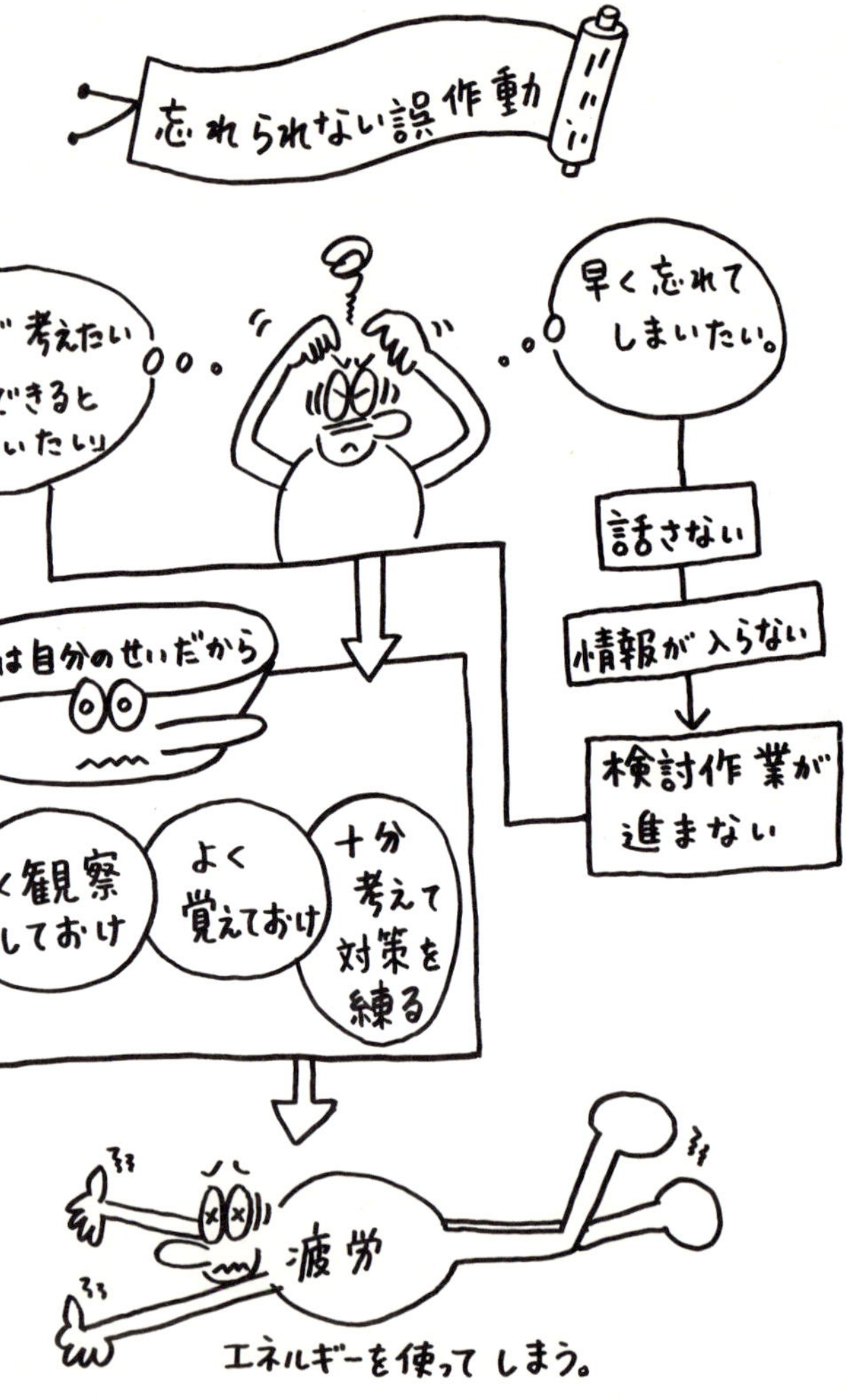
忘れられない誤作動
自責で考えたい
「なんとかできると思いたい」
早く忘れてしまいたい。
話さない
情報が入らない
検討作業が進まない
それは自分のせいだから
よく観察しておけ
よく覚えておけ
十分考えて対策を練る
疲労
エネルギーを使ってしまう。

自分が失敗したのは、何を間違えたからなのか…。

その結果、

ある人は、ライバルが落ちていたことを知り、

「あいつが落ちるぐらいだから、しょうがないか」とあきらめ（受け入れ）、

ある人は、合格者が少ないことを知り、

「今年は特に難しかったのだな」とあきらめ（受け入れ）、

ある人は、自分の失敗した個所を特定し、

「しょうがないな、自分は古文が苦手だからな。来年はここを何とかすればいいんだな」と受け入れ、

またある人は、その学校の経理に問題があるという新聞記事を見て、

「こんな学校には、行くなよと神様が教えてくれたかな」と受け入れる。

ところが、「忘れてしまう」という対処は、意識的にそのことについて、情報を集めたり考えたりする作業を避けるという方法である。

するとその内容は、当初その人が受けた印象や感じ方そのままの形で封印されてしまうことになる。

例えば先の例でいうと、試験に失敗した彼は、

「俺だけが落ちた。もう俺の人生は真っ暗だ。何をやってもきっと失敗する。皆が俺のことを

落ちこぼれだと思っているんだ」

という思考のままで、これからの人生を過ごしていくことになる。

自然な形での処理が進んでいかないので、この思いがなくなるまでにはかなりの長い年月を必要としてしまう。

処理をされないということは、最初の考えや感じがそのまま残ってしまうだけではない。

先に、「人は情報が少ないと『自責のプログラム』を働かせやすい」ということを述べた。忘れようとすることは、どうしても情報が少なくなる。

しかも、適切な処理が進んでいないので、〝自責でない解釈〟にも行き着かない。

自責のプログラムが働くということは、「その出来事は、おまえのせいだから、ずーと覚えておけよ。次もそのようなことがあるかもしれないから、なんらかの対策をずーっと考えておけよ。そして同じ事が起こるかもしれないから、ずーっと警戒しておけよ」ということなのである。

記憶のため、対策を探すため、そして警戒するためにエネルギーを使うことになる。

刑事が、爆弾犯の顔写真をもとに、一日中駅の改札を見張っているようなものだ。

大変な事態だぞ。しかもその対処はおまえにかかっている。だから、よく注意していろ。対処すべきときがきたらミスをするな。そういう指令があなたのコンピューターと体を動かし続ける。

自責は、エネルギーを消耗する。

単にあることを保存しておくだけでも大変なエネルギーを使うのだ。家の中でもっとも電力を使うのは、派手な音を立てるエアコンやテレビ、掃除機などではない。地味だがずっと電力を消耗しているのが、冷蔵庫なのだ。物を〝保存〟するには大きなエネルギーがいる。

我々が、「君のせいではないよ」といわれたとき安心するのは、この継続的なエネルギー消費を避けられるからに他ならない。

これまでは、つらい出来事を受け入れるあきらめについて説明したが、あきらめが尾を引くのは、そのようなときばかりではない。

例えば、恋人への求愛をあきらめようとするとき。

強烈に拒否されたわけではないが、なかなか積極的な反応をもらえない。いわゆるアッシー的に扱われている感じだ。そんなとき、あなたの心の中には、費用対効果の天秤が動き出す。こんなに（時間と金と精力を傾けて）尽くしているのに、それに見合った効果が得られない。そう感じたあなたのあきらめの天秤は、しぶしぶながら、彼女をあきらめようとするだろう。

しかし、あきらめとは、基本的には柔軟なプログラムなのだ。あきらめは単に「今は可能性がない」と判断するだけだ。逆にいうと〝今〟のあきらめがそれほど完全なものでないとき、「将来は変わりうるぞ」と常に変化を監視しなければならない。また、彼女の好みや行動パターンは引き続き覚えておかなければならないし、なんらかの変化があったらこうしようとかも考えておかなければならない。先にも触れたようにこのような継続的な記憶・対策・監視体制はかなりのエネルギーを消耗してしまう。

ある出来事、それはあなたにとって容易に受け入れられない出来事であったかもしれない。あなたはそれによって大きな感情をひきおこされた。

失恋したときは、悲しさを中心に、相手や自分に対する怒り、これからもう人を愛せないのではという不安などの波に襲われるだろう。

あなたはその感情があまりにも大きく苦しいので、早く忘れてしまいたいと思った。感情のプログラムがあなたのエネルギーを急速に奪っていくのを感じたからだ。

つまり「忘れよう」とする対処は、エネルギー保存の法則に従った自然な対処なのである。ところが、結果はどうであろう。これまで見てきたように、忘れる対処で、結局、記憶・対応の模索・監視のための継続的なエネルギーを消費せざるを得なくなる。

もともと10人しかいない勢力でぎりぎりの運営をしているとき、ある事態へ対処するために、一人を記録係に、もう一人を対策立案者に、もう一人を監視員にしておくのは、それだけで大きなエネルギーロスになる。

我々があきらめきれなくて、いらいらするのは、このロスのためである。

だから、我々は完全に吹っ切りたいのだ。そうすればその正面のエネルギーロスはなくなる。望みのない正面に10分の3の勢力を使うのは危険だ。

しかも、継続的に監視しているので、そのロスはずっと続く。これは今後のエネルギー運営をとても危ういものにする。つまり、選択の幅を狭くしてしまうのだ。

我々が恋人から別れたければ、一気に距離をとるのが良い。そして手紙も写真も焼き捨て、携帯も替えて、連絡を取れないようにする。苦しいかもしれないが、一時的な苦痛を選ぶか、将来的なわだかまりを選び疲れた人生を送るかの選択だ。

自殺はあきらめのプログラムの最大の誤作動

私は、自殺は人があることで悩んで行うものだとは考えていない。そうではなくて、人が精神エネルギーを消耗し尽くしたときに起こる誤作動であると考えている。誤作動だから避けられる。

「死にたい」と思うことも性格のせいや、あなたが壊れたわけではなく、もともとはあなたを守るためのプログラムが、その発動のタイミングや対象を間違えているだけである。

あきらめは、ある特定のことをやめ、他のことへ移るためのプログラムだ。ところがあきらめを毛嫌いし、精神疲労が蓄積するまで事態が進んでいくと、あきらめの対象が、ある特定のことではなく、生きることになってしまう。

さらに、この疲労の蓄積自体にも「あきらめ」が大きく関連しているのだ。

▼精神疲労蓄積の六つのブースター

忘れてしまう対処は、我々に継続的なエネルギー消費を要求する。

忘れてしまった（ことになっている）嫌な過去が多い人ほど、疲れやすい人生を送ることになる。

時にはそれは、様々な出来事とあいまって、精神疲労が蓄積する一因にもなってしまう。いわゆるうつ状態だ。

私は、人がうつ状態に陥るまでに六つのブースター（加速器）があると考えている。

海に沈むときのことを考えてほしい。通常は何の力も加えなければ、浮き上がってくる。うつ状態の場合これが自然治癒力というものだ。

これに対し、ある深度に達するとさらに深く進む方向で加速がかかる場合がある。重りが増加されると思ってもいい。

うつ状態が悪化するときには、不幸にもそのようなブースターや重りに当たるものがいくつか重なってしまうのだ。（図22）

もちろん「忘れてしまう」もブースターの一つだが、その他に次のようなものがある。

感情のプログラムのブースター

なんらかのきっかけにより「悲しみ」「怒り」「不安」「恐怖」などの感情が喚起されると、我々は（我々が思っている以上に）多くのエネルギーを消耗してしまう。

例えば不安なときは、常にあることを考え続け、心臓をどきどきさせ、肩や腰には常に力を

図22

精神疲労の6つのブースター
元気
感情のプログラムブースター
忘れてしまう
しがみつきブースター
表面かざりブースター
自責のブースター
疲労
大ごと反応ブースター

入れている。それが続くと我々は貴重なエネルギーをじわじわと、あるいは急激に失っていくのだ。

自責のブースター

このようになったのは、自分に能力がないからだ。自分がしっかりしないからだと思い込むパターン。この思考に入ると、余計にエネルギーを消耗するのは前に述べたとおりである。

表面かざりブースター

エネルギーが相当低下しているにもかかわらず、周囲に悟られまいと必死に外見を飾ってしまう。「できない」自分を認めたくないのだ。そして外見を飾るのに通常の何倍ものエネルギーを使ってしまう。

さらに、苦しさを表現してはならないという〝がまん〟のエネルギーも使ってしまう。またそれがなんとかできてしまうので、やはり自分の努力が足りないからだと思ってしまう（自責のブースターと連動）。

しがみつきブースター

あるストレス解消にしがみつく。運動、ギャンブル、異性関係、お金…。しかしもうそのストレス解消は効果がない。にもかかわらず、藁をもつかむ思いで一瞬の快楽に逃げる。

すると、後で自己嫌悪や、人間関係の悪化などのストレスが増えてしまう。

大ごと反応ブースター

これは、疲労がかなり進んで「自分がおかれている事態は、とても危険な状態で、全力で対応しても、もしかしたらダメかもしれない。死ぬかもしれない」という認識が生じたときに起こる反応だ。

生をあきらめる一歩前の、本当に必死にあがきまくる状態。この事態は自分の命に関わる大ごとだという反応だ。こうなると「怒り」「悲しみ」「不安」「驚き」などの感情のプログラムがいっせいに発動する。危機状態を脱するためにすべてを動員するのだ。これは一瞬を乗り切るための「最後の切り札」「起死回生狙い」「窮鼠猫をかむ」状態であり、もちろん相当のエネルギーを使ってしまう。

このようなブースターが不運にも重なると、精神疲労はいよいよ局限に達し、あきらめのプログラムがすべてをあきらめようとしてしまう。「生」をあきらめるプログラムの誤作動だ。

自殺は、いわばあきらめのプログラムの最大の誤作動といえる。

「生をあきらめるプログラム」や「絶望のプログラム」については、拙著『人はどうして死にたがるのか』を読んでいただきたい。

▼精神疲労の蓄積とあきらめの関係

精神疲労は、六つのブースターで加速する。

しかしこれらのほとんどは、うまくあきらめることで排除できるのだ。

私のカウンセリングの経験からも、うつ状態（精神疲労状態）からの離脱は、あきらめが重要なポイントを握る。

あきらめない人は、自責が働く。つまり現状に対し、なんらかの努力をしてしまう。そしてそれはさらにエネルギーを使ってしまう。

うつ状態から一刻も早く離脱するには、今の状態を〝疲労〟だと正しく認識し、これ以上の刺激を避け、症状のコントロールを信頼できる医師やカウンセラーに任せ、自助努力を止めることなのだ。

しかしこの時期は、あきらめの誤作動のオンパレードといってもいい。

○俺は精神的におかしくない、自分だけで乗り切れるというイメージへのあきらめ（満足しない誤作動、止められない誤作動）

○会社を休むと脱落者になってしまうという恐怖へのあきらめ（止められない誤作動）

○治療する、病院に行く、薬を飲むという恐怖へのあきらめ（決められない誤作動）

○会社や妻や医師は自分のことをもっとわかってくれるべきだという怒りへのあきらめ（役割の誤作動、愛の誤作動）

○こうなったのはあのことが原因だという怒りや恨みへのあきらめ（忘れられない誤作動）

ぜひとも、第三者の力を借りて誤作動を乗り越え、正しい選択をして欲しい。

▼若者も疲れる

カウンセリングをしていると、最近の若者の疲労が気になる。

戦後の苦労やお風呂をまきで沸かし、卵ご飯がご馳走だった時代を知っているものから見れば、今の若者は物理的にも恵まれ、好き放題で、何の悩みも精神的疲労もないように見えるだろう。

何もかも楽な生活をしていて、なんでも手に入るのに、「だるい」とか「疲れる」が口癖の若者を理解できない。すぐ、夜更かしや偏った食事などの若者の不摂生のせいにして、怒ってしまう。

もちろんそういった面もあるだろう。しかし、現実には、彼らはもっと根本で大変疲れているのだ。

それは、これまで見てきた情報過多。尺度の消失。役割のあいまいさ。理想イメージの一人歩きなどによるものだ。

もちろんこのことは、我々大人にとっても誤作動の原因であることは説明してきたとおりである。

ところが、若者にとっては、これらの誤作動がより強力に働いてしまう。

もともと若さとは、可能性である。

これから長く生きていけるし、体力的にもエネルギーに満ちている。このような場合、本来はあることをかんたんにあきらめ、次にいける。

一方で、自分の気に入ったあること（つまり個人的な目標となっていること）を追求するエネルギーも大きい。

自我も十分に発達していないので、〝できない〟ことや〝仲間はずれにされる〟こと、〝喪失を受け入れる〟ことのショックにもなれていない。

つまり、若者は本質的にはうまくあきらめられるのに、こだわってしまうと、とことん行動できてしまう動物なのだ。しかも、とことん行動してしまうと余計にあきらめきれなくなる。初めての大きな「あきらめ」のショックを受け入れられなくて、大人になるまで（なってからも）引きずってしまうこともありうる。

昔から、青年期の危機（アイデンティティクライシス）といわれている所以だ。

昔は、このようなとき、大人があきらめを諭してくれた。あるいは社会自体が、むだなトライだと尺度を示してくれた。

しかし、今はこれがない。

大人でも「あきらめ」がつかない社会。青年は「あきらめ」きれず、自分のエネルギーを消耗し尽くすまでとことんもがいてしまう。

そんな若者に、大人たちは過酷な態度で接してしまう。

大人から見れば、現在の若者はがんばっていないように見える。すぐ挫折しあきらめる。だから「あきらめるな」と言いたい。

ところが、若者はがんばっていないのではなく、むしろがんばり方がわからないのだ。がんばりたいが、どこでがんばり、どこであきらめればいいのかそれがわからないのだ。

その状態は、うつ病の患者と同じである。

逆にいうと、もう十分がんばっている。自分なりには目いっぱいやっている。それで疲労を高めているのだ。

今の若者が弱くなったのではない。人という生き物にとって、(現代の)世の中のほうがストレスが多すぎるのだ。

大人には「もっとがんばれ」「あきらめるな」と言われる。

しかし、エネルギーは既に消耗状態にある。

自分でも自分を責めるパターンが働き、学校を辞めること、友達から離れること、仕事を休むこと、などの対処ができない。

これらの悪循環が、若者を深刻なうつ状態に陥れる。

▼工夫して「あきらめる」時代

日本人はもともと努力するDNAを持っている。努力が好きな民族だ。努力が報われる社会とは、集団としての保護、終身雇用制、敬老の気持ちなどが基盤となる。これまでの日本に備わっていた特質だ。

ところが、現代は急速に、機能社会へ変わりつつあり、急カーブを曲がりきれないで苦しんでいる人が多い。

つまり、日本人のDNAは努力がすき。努力していれば安全だと感じる。みんなと一緒だと安心だと感じる。しかし現実は、個性の違いを許し、経済的にもそれが可能な社会になった。しかも、きびしい成果主義。リストラされる、給料も下がる、老後も心配、誰も面倒を見てくれない、子どもも国も…。

もともと、狩猟民族だったアングロサクソンは、あきらめが早い。成果主義に対応している。それに比べて、日本人はあきらめないことで、成功し皆にも受け入れられてきた。

しかし、今は、DNAの変更が追いつかないのなら、頭でハンドルを切らなければ、カーブを曲がりきれない時代に差し掛かっている。

急カーブを曲がりきれずに苦しんでいる人の一つ目のパターンは、一つのあきらめを、全体のあきらめにしてしまうこと。

不必要に自信を失ってしまい、やる気をなくし、結果的にその人の前にある可能性をむだにしてしまうケースだ。

二つ目のパターンは、現代社会の中で、気がつきにくい精神疲労に襲われたとき、いったんレースから離れて、自分のエネルギーを回復させるという「あきらめ」ができず、結果として、うつ状態にまで落ち込んでしまうケースである。これは自殺にも結びつく可能性がある危険な誤作動である。

時代が変わってきていることに対して、若者よ「がんばれ」という方向で対応しようとするのが、これまでの（感覚的）対応である。

しかし、この誤作動時代、感覚的対応では、乗り切れない。むしろ、あきらめを復権し、適切にあきらめ、最終的に人生をあきらめないようにすることを教育するべきである。

あきらめのプログラムが、本来発動するべき時点で発動しなくなったため、不必要なエネルギーの消耗が続いている場合、我々は意志の力で、あきらめという作業を開始しなければならない。

感情が自然にあきらめることができないのなら、頭で「あきらめのプログラム」が作動するように工夫する必要がある。

つまり、あきらめるための工夫だ。次章ではその方法を詳しく紹介する。

chapter 9

第九章

あきらめを上手にするコツ

これまで、私たち現代人にとって、あきらめることがいかに大変かを見てきた。しかしだからこそ、あきらめのマイナスイメージにとらわれず、必要なタイミングで必要なあきらめをするのが、人生をしなやかに生きる一つのコツになることも強調してきた。

しかも、あきらめとは、自分の心の中の作業である。世の中を変える必要はない。

あの頑固な石頭の上司や、言うことを聞かない息子、面白くもない会社、果ては自分のことしか考えていない(ように見える)政治家…。そんな相手を変えようとするのは大変な努力が必要だ。しかし、心の中の作業なら自分だけでできる。人生をうまく生きるコツが、自分の中だけでできるのならそんなありがたいことはない。

要は、あきらめるべきときに、適切にあきらめればいい。それだけなのだから。

とはいっても、現実にはそれが難しいのだ。

あきらめようと思っていても、なかなか簡単に心から思いが離れてくれない。いつまでも、あることにこだわっている自分がいる。

そこでこれからは、どうすればあきらめを上手にできるかを焦点に考察を進めてみたいと思う。

ただ最初に断っておくが、あきらめをはじめ感情の問題は、人によって、あるいはその人の成長段階、支えてくれる周囲の環境、その人が取り組もうとしている課題によって、大きく変わる。このことはとても大事なことである。

ここで紹介するのは、単なるコツ。それは言い換えれば、ある人にはうまくいったというだけのことだ。これをやると、確実に成功できるという手順を示したものではない。日本人はどうしても、ある真理を人から教えてもらい、それに従いたがる。自分がピンチのときはなおさらだ。だから本に書いてある単なるコツ集を真理と誤解してしまうことがある。

誤解するだけなら、大きなダメージはないのだが、人は弱っているとき、こう考えてしまう傾向がある。

「自分は、この本に書いてあるとおりにやっても、うまくいかない。自分だけ特別に根性なしなんだ。自分だけ劣っているんだ」

だから、本書のコツはこう考えてほしい。

何人かやってうまくいった方法がある。それを皆に試して欲しくて紹介したものだ。それがうまくいかないということは、単にそのコツが、自分に合わないというだけのこと。ほかの方法をためしてみればいい。

友達が「うまい」と教えてくれたラーメン屋に行った。でも自分はおいしいとは感じなかった。これと同じレベルで考えて欲しい。

友達は友達。あなたはあなた。あなたにはあなたに合うやり方を見つける。

ここで紹介するあきらめ方のコツがもし合わないとしたら、それこそあなたの個性がひとつ明確になり、あきらめが進んだということだ。無理やりそのコツを優先しできない自分が悪いんだと考えてしまう、そんなサイクルを打破し、ここで紹介したコツを捨てることができるのだから。

とまあ、こんな感じで気負わずに、ためしにやってみて欲しい。

やってみずにあきらめてしまうのも、悪いパターンのひとつだということを思い出しながら。

あきらめの本質を考えてみる（自分の頭の中の作業1）

▼まず、あきらめのプログラムの意味を復習

「あきらめる」ということ自体に強いアレルギーを持っていると、どんなことでもそれを捨てることが難しくなる。

「あきらめ」とは、今の活動が非生産的であることを察知し、次の活動のために今の活動を停止させるプログラムである。いわばブレーキだ。車でもブレーキの壊れた車には乗りたくない。

さらにあきらめは、現状に満足せず、「自らの力で人生を乗り切ろう」とする、とても積極的なプログラムでもある。

ただ、これまでの日本人の生活パターンでは、集団の中で与えられた環境や価値観に従って生きていくことが、安全とされた。日本人にはそういう気質がしみついている。

ところが、文明の発達により選択肢が増えると、自分で何かを選ばなければならない時代になってきた。あきらめとは、選ぶことである。今の作業の可能性、他の選択肢の可能性、未来

の選択肢の可能性などから、一つを選ぶ作業。とても高度な活動だ。

あきらめることにより、一つのことに集中でき、選択肢の多い現代社会に翻弄されず、主体的に生きていける。これからはあきらめが必要な時代なのだ。

しかし、あきらめること自体には、苦しさが伴う。

これまでのエネルギー損失に対する悲しみ、自分が「できない」ということを認める不安、あきらめることにより集団からみすてられる恐怖。

これらは、前向きに生きるには避けられない苦しさ、必要な苦しさである。言い換えれば、生きることに伴う本質的な苦しさだ。

それを避けてばかりいては、受動的な生き方になってしまい、結果的に苦しさは持続的かつ大きなものになってしまう。

「あきらめ」について正しい認識を持つこと、これが、あきらめ嫌い体質が染み込んでいる日本人が最初に行うべき頭の中の作業だ。

あきらめようとしている自分を、弱虫だとか、臆病だとか、根性なしなどとレッテルを貼ってはいけない。これまでの章を読んでおわかりのように、むしろあきらめを毛嫌いするほうが、これらのレッテルにお似合いの態度なのだから。

あきらめのコツを紹介する前に、重要なことを二つ指摘しておきたい。

一つ目は、あきらめは長いプロセスであるということ。

一般に、あきらめに悩んでいる人は、あることを自分なりに決めたら、それでもう二度と悩まない、後悔しない、後戻りしないことをイメージしている。その瞬間に吹っ切れて、もう二度と悩まない状態がやってこなければならない。また、一度吹っ切ったのに、またいつまでも未練たらしく考えるのは、自分のうじうじした性格のせいだなどと思っている人も多い。

しかし、現実にはあきらめるという作業は、そんなにあっさりしたものではない。

あきらめるという作業は、二つの欲求のバランスを取る作業でもある。やりたいとやりたくない（ほかの事をしたい）。どのバランスが自分に合うのかを、重りを操作しながら探りつづける作業なのだ。達人なら一発でバランスを取るだろう。しかし我々凡人は、右から左へ、そうかと思うと左から右へと少しずつ調整をし、最後に納得のできるバランスにたどり着く。

だから、あなたは一回の決心ですべてすっきりとあきらめられると思わないでいて欲しい。何度も振れるのが人生だ。

ここで紹介するあきらめのコツも繰り返し試してみることを前提にしている。一回やったからといって、まだあきらめきれない自分がいても、それを責めてはならないし、そのことで自信を失う必要はない。もともとあきらめとは、時間のかかる長いプロセスなのだから。うじうじ悩むこともすべて含めて、バランスを取っている「あきらめ」の作業の一部なのだ。だから、うじうじは大歓迎、一歩ずつ前進している証拠だ。

わかって欲しいことの二つ目は、もともと「あきらめる」という作業は、苦しいものだということだ。あきらめの天秤が動くためには、一定以上の苦しさを味わうことが必要である。十分に苦しければ、あきらめざるを得ない。それはまるで、大きく曲がるカーブを直進しようとして、壁にぶつかりながら、血を出し、傷つきながらようやく曲がっていくようなものである。それが人生といえば人生。

しかし私たちには、成長したいという欲求があり、それが人の発展を支えてきた。個人にとっても、できるだけ苦しさを少なく感じていたい。それがその個人の成長であり、人類の進歩につながる。

だから、苦しさのプログラムに期待してあきらめるまで苦しむ、十分苦しんで選択するというのが自然だとしても、同じような苦しさを一生のうち何度も味わう必要もない。経験を生かし学習し、苦しさを少なくすればいいのだ。経験がなくても、先人からそのコツを学ぶことができる。

本書のねらいはここにあるといってもいい。

苦しみをゼロにはできない。それは前向きに生きることを放棄しているからだ。ゼロにはできないが、少なくすることはできる。人生の選択に伴う苦しさを、必要以上に大きくして、かえって自分に対する自信を失ったり、生きるエネルギーを消耗し尽くしたりすることがないよう、いくつかのコツをお伝えしよう。

▼あなたは今、何をあきらめようとしているのか（自分の頭の中の作業2）

あきらめという作業について頭を整理した人は、この問いから始めて欲しい。

あきらめは苦しみを伴うものである。

それはきっと何かを失う苦しみだろう。

さて、今あなたはあることをあきらめることによって、何を失うことを恐れているのだろうか。


Tさんは、家業の牛乳屋を辞めようかどうか迷っていた。

大手のメーカーを中心に扱っていた牛乳屋さんだったが、その大手メーカーの不祥事のため、売上が激減していた。

比較的安定していた経営状態だったので、このような事態になるとは想像だにしていなかった。昨年家を建て替えたばかりだった。今はそのことが後悔される。

「この際、新しい商売を始めようと考えたりするんです」

「なるほど」

「しかし、なかなか踏ん切りがつかなくて」

「踏ん切りがつかない…」

しばらくの沈黙の後、私は単刀直入にこう聞いてみた。

「それで、あなたは何を失うのですか」

不意をつかれたように、目を丸くするTさん。

「何を失うか、ですか…」

Tさんは、更に考え込んだあと、ぼそりと答えた。

「親父の信頼、ですかね。私は親父の信頼を失うのを恐れているのかもしれません」

Tさんは、大学で経済を勉強した。その関連からベンチャービジネスに挑戦してみたいと思っていた。しかし、大学4年のときに父親が体調を崩し、やむなく家業の牛乳屋を継ぐことにしたのだ。

父親はたいそう喜んだ。彼も体力の衰えた父母を助けられることで、それなりに納得できる選択だった。牛乳では、インターネットを活用した爆発的なビジネスチャンスが生まれるような、流通の隙間はない。彼は、考えていたベンチャーの夢をあきらめた。牛乳屋はそれなりに安定し、結婚もし家族に囲まれ、「これが自分の人生」だと思っていた。

そんな矢先の、この大手メーカーの不祥事である。売上は一気に落ちた。こちらこそ被害者だと言いたい気持ちを飲み込んで、苦情対応に追われる日々だった。

たまたまそんなとき、大学のゼミの仲間から、具体的な仕事の誘いがあったのだ。

彼の希望がまた頭をもたげてきた。

しかし、牛乳屋が絶望的というわけではない。家を建てたことで、新しいことをする金銭的ゆとりはなくなっていた。まったく新しいことを始めるには、家族の賛成が必要だ。特に父親を落胆させるようで怖かったのだ。

しかし、何を失うのを恐れているのかを自問するうちに、彼のあきらめは進んできたようだった。

「今、実際家をまわしているのは、父ではなくて自分なんです。父は悲しむかもしれないが、まず妻に話をして、妻の賛成を得られたら、父親にも話してみます」

人の活動は、中間目標に引きずられるということを説明した。Tさんの場合、人に嫌われたくない、愛を失いたくないという中間目標にとらわれ、あきらめの天秤の動きが鈍くなっていたのだ。

何かを得ようとするときは何かを捨てなければならない。これが人生の選択つまり、あきらめだ。私たちはえてして中間目標という亡霊に惑わされ、切り捨てる選択肢や未来に必要以上の恐怖を感じてしまう。自分が具体的に何を失うことを恐れているのかを考えてみることは、冷静に選択するための第一歩である。

あきらめの天秤にかかっている重りの正体を確認できると、すこしだけ冷静に選択できるようになるのだ。

❖——あきらめきれない苦しさを言葉にしてみよう（自分の口を使った作業）

「自分は何を失うことを恐れているのか」

まず、このシンプルな自問から始めてみよう。

中間目標が人の心や行動をひきつける力は半端なものではない。意志の力だけでは何ともならないのは、既にあなたも経験済みだろう。

ここでは、中間目標に戦いを挑むのではなく、これまで紹介していなかった目標の特性を利用した、あきらめのためのセカンドステップを紹介したい。何のことはない、今の状態を言葉にしてみようということである。

具体的な方法に移る前に、中間目標のような下位目標のもう一つの特性について説明しよう。

▼人は、下位目標を達成したところで安心してしまう

人は、最終目標の、生きること（安全、食べられる等）に対し、その前提となるような出来事（下位目標）を達成すること、あるいはその達成に向かい行動することで、快を得るという性質を持っている。

例えば、我々は悲しいときに泣く。思いっきり泣くと、少し落ち着くことを知っている。

「今泣いたすずめが、キンと笑ろた」は、私が昔よく聞いた、子どもに対するはやし言葉だ。幼稚園の門の前で親との別れに大声で泣きわめいていた子どもが、キャンディをもらうと、すぐに泣き止み、ついにっこりしてしまう。そんなときにこの言葉に拍子をつけて、からかわれたものだ。

思いっきり泣くと、それだけで、ある程度問題が解決してしまう。

なぜだろう。

これは、表現欲求が満たされたからだ。

人には、表現欲求なるものがあると、私は考えている。

人は一人では弱い存在である。一対一では、熊に勝てない。ピンチになると、そのことを他人に伝えないと、死んでしまう可能性が高いのだ。

つまり、ピンチである→表現する→誰かの救済行動→安全の回復→生きていける、という図式があるのだ。

普通に考えると→の最後のところまで進まないと価値がないのではと思うが、人は一気に最後まで進まなくても、一つ上の段階に進むことで、安心するようにできている。

例えば、悩んでいるとき、話をしさえすればそれで落ち着く。何の具体的解決策が見出せなくても、誰か助けてくれるという救済行動が取られなくても、とりあえずそれで落ち着けるのだ。

最後までプロセスが進まなくても、一段上がるだけで生きる確率が上がる。一段上がると、状況が少し変わるかもしれない。それはそのときに対応しよう。というのが人の選択した戦略だ。柔軟で、かつエネルギーの無駄がない。問題が解決していなければ、〝苦しさ〟が継続し、更に次のステップに進んでいく。

人は、最終目標や生きることに直結している重要な中間目標に対して、エネルギーを注ぐ傾向がある。そしてそれは、その下位目標に至った段階で（最終目標に直接届かなくても）、いったん安心してしまうという性質を持っているのだ。

我々は、試験準備をする際、計画を立てた時点でなんだか切迫感がなくなってしまい、それで勉強しなくなる。

ダイエットや、英会話のために高価な商品を買うときには、とても吟味して迷いながら買うのに、それが家に届くと、それで満足して実際の行動に結びつかない。

これらも、人の「下位目標でいったん満足してしまう」傾向の結果だ。

▼話をすることの意味

人は、感情に飲み込まれそうなときに話をしたくなる。自分がピンチであることを周囲に伝えたいからだ。また、それは同時に周囲から情報を得ることにもなる。

更に、話をするという作業は、相手に訴えることであるので、相手の表情を観察しながらの複雑なコミュニケーション作業だ。そのためにいわゆる頭を働かせることになる。自然と、自分の考えがまとまってくる。

ある中年のクライアントがそわそわしながら、話し始めた。

「娘が、大学に落ちるのではないかと不安で」

「大学に落ちる…不安なんですね」

と、ただ私は相手の話にうなずき、相槌を打ち、話を聞いていた。時折しどろもどろになるクライアントの言葉を、私が確実に理解しようとして、こちらから、まとめてみたり、聞き返したりしながら。

　すると、すでに4校中2校がだめだったこと、本人も落ち込んでいること、それにも増して妻が、不安に思っていること。それで妻と娘の間がとてもギクシャクしていることなどを話してくれた。

「そうなんですよ。大変な不良娘で、今ではこうやって受験するところまで持ち直したのですが、2年のときはひどくて。妻と、高校さえ卒業してくれれば万々歳だな、なんて話していたのですが…。

　それが、こうやって、いざ受験するとなると、少しでもいい学校に入ってもらいたくて、親がおろおろしています。ろくに勉強もしていないのですから、滑ったって当たり前で、しょうがないとは思っているのですが、親ばかといおうか、やはり娘には幸せになってもらいたくて…」

　さらに、娘さんの不良時代の苦労と、それを乗り越えた話が続いたあと、

「でも、こうやって話しているうちに、落ち着いてきましたよ。ありがとうございます。

　もともと、高校を卒業すればそれで十分と思っていたことを、思い出しました。帰って、妻にそのことを話そうと思っています。こういうときは親父がドンと構えていなければいけませんよね」

その間、私は何一つアドバイスらしいものを差し上げなかった。

人は、冷静なときは、あきらめられるし、しっかり選択もできる。ところが感情に飲まれるとそれができなくなることが多いのだ。

そんなときは、人と話をしてみよう。できれば事情を知らない第三者がいい。下手にアドバイスをもらうより、自分の言葉で、事の始めから現在の状態までをおさらいする、その作業が必要なのだ。だから何も知らないで、あなたの回想に口を挟まない人に話をするのが、この場合ちょうどいいのだ。それをすれば冷静な自分に戻れることも多い。

そんな都合のいい知人がいないという人は、カウンセラーを利用してもいいだろう。有料だが、「あきらめ」のためには、居酒屋に使うより効果的だと思う。

情報を集めてみる(自分の耳を使う作業)

コンピューターに情報を入力した結果、ある答えが出てきたとしよう。どうもその答えでは満足できないとき、あなたはどうするだろうか。

まずは、入力した情報が十分で、かつ誤りがないかをチェックするだろう。

そして情報に間違いがないことが確認できたら、次にプログラムがおかしくないか、本体がおかしくないかを確かめていく。

心の整理も同じ手順だ。早い段階で、自分が持っている(時にはとらわれている)情報が、本当に客観的なものなのかどうかを、チェックしておきたい。プログラムの点検はその次の話だ。

例えば、課題そのものに対する情報。

その課題が誰がやっても難しい課題で、ほとんどの者が失敗するとわかれば、その課題に今後も取り組むのか、あきらめるのかを決めることができる。

例えば、他の競争者と自分の実力に関する情報。

合格枠が決まっており、強いライバルが多数いることがわかれば、その課題をあきらめ、他の分野にエネルギーを注ぐことができる。

偏差値は毛嫌いされているが、あきらめのためには良いデータであった。偏差値のようなデータがないと、闇雲に難関に挑み、貴重な人生の時間とエネルギーを無駄遣いしてしまう可能性がある。

恋愛でもそうだ。すてきな女性の心を射止めようとするとき、それはあなたと彼女だけの問題ではない。彼女を狙うほかの男性との競争でもある。全体の情報がなければ、あなたがどれだけ努力し、プレゼントし、時間を使っても、望ましい結果を得られない確率が高まる。

例えば、その課題の重要度に関する情報。

実はその課題は、仮に達成したとしても、思っていたほど自分の人生に大きな影響を与えないことを知れば、それをあきらめるのはたやすい。カウンセラーになるのに臨床心理士の資格

彼は大学院へのこだわりを捨てることができた。

てもカウンセラーをやっている人は多いし、実際その分野で活躍できる職域もあることを知り、

ンセラーの道が閉ざされたと思い、落ち込んだ。しかしその後、別に臨床心理士の資格がなく

をとらなければならないと思い込んでいた人がいた。大学院に通うチャンスのない彼は、カウ

このような情報は、できるだけ自分と同じような立場、同じような能力、同じような思考の人から得たい。だから、我々は昔から、同僚や友達、親や親族などからアドバイスをもらった。がんばる、がんばらないのバランスは本来とても難しいのである。

もちろん、情報を入れるだけでも自分の力で選択できる場合もある。しかしそのことに対する見極めができないときや、あきらめの悪いサイクルにはまっているとき、誰かあなたのことをわかり、その課題についてもわかっている人から、アドバイスを受けたいものだ。

自分の頭の中で考え、人に話し、人から情報を得ることの意味

これまで、まず自分の頭の中で、あきらめるテーマについて考え、それを人に話し、人から情報をもらい、また考えるという方法について説明した。結局この作業の繰り返しの中で、人は整理を進めていくのだ。

では、どのようなときに〝整理〟がついたと感じるのだろうか。

ここでも、「生命エネルギー保存の法則」が大きな影響力を及ぼしている。

私たちが何かをあきらめようとするとき、これまでの努力や将来の可能性を切り捨てる。将来の可能性の場合も、実は過去にポイントがある。将来はこれまでの自分の延長線上にあるわけで、過去に何の努力もしていない分野の場合、将来の可能性を切り捨てるのはそれほど困難なことではない。例えば、あなたが歌舞伎について何の努力も経験も知識もなければ、将来歌舞伎役者になるという夢は、簡単に捨てられる。ところが、これまで長い間エネルギーを注いできたアニメのほうは、アニメーターやイラストレーターになる夢をなかなかあきらめきれない。

考えたり、話したり、情報を得たりすることで、我々は結局、過去に注ぎ込んだ時間とエネルギーについて、自分なりに納得のできる考え方を模索しているのだ。

過去の時間とエネルギーが、決してむだではなかった。なんらかの意味を持っていた。そう思えるような解釈（自分なりの物語）、あるいは、自分を責めつづけエネルギーを消耗しつづけるものではない物語、を探しつづける。

どういう物語が、その人の心の中でしっくりくるかはわからない。

例えば、

過去の出来事を受け入れる作業の場合、

ある出来事は、結局自分が選んだことだ。

あの出来事があったおかげで、今の自分がある。

あのことで、学んだ。

などと考えることによって、整理が進む。

例えば、
それはそれとして、今はこの方向に進んでいこう。

なにかができなかったとしても、たいしたことではない。

今回は少し運が悪かっただけ。自分の能力が劣っているわけではない（自分に魅力がないわけではない）。

そうか、これが原因だったのだ。次はこうすればうまくいく。

などと考えることによって心が軽くなる人もいる。


あきらめという作業を毛嫌いせず、自分の頭の中の情報と、人から得た情報をからみ合わせながら話をしているうちに、自分なりの落としどころ（物語）が見えてくる。

しかし、この作業は一人でやるのは難しい。

人は、落ち込んでいるときは不安のプログラムが優勢になる。これ以上の危険や損害を避けるために、必要以上に過敏に防衛姿勢をとってしまう。するとどうしても「悪いほう、悪いほう」を想像したり、これ以上の危険がないかという目で周囲を見てしまう。私はこれを不安のプログラムの「最悪連鎖思考」「びくびく色眼鏡視点」と呼んでいる。

さて、この最悪連鎖や色眼鏡視点は、一人で考えている限り、限りなく暴走する。すると自責のバランスが偏り、自分いじめの物語が暴走し、とりあえず忘れることで逃れようとしてしまう。その結果は「忘れられない誤作動」を呼び、疲れやすい人生を送ることは説明したとおりだ。

人と話をしたり、人から情報を入れたりすることで、落ち着き、かつ客観的な思考や視点に戻れるのだ。

だから、あなたがあることをあきらめようとするとき、まず自分の頭で整理し、それで納得いかなければ、人に話を聞いてもらったり、同じような立場の人がどう考えるのか意見を聞いたり、課題についての情報を集めたりして、もがいて（苦しんで）みて欲しい。

すると、苦しみのプログラムが適正に働き始め、あきらめのためのエネルギーが生じてくる。

苦しみのプログラムを活用する（自分の行動を決める作業1）

一つのことをあきらめるためには、ある特有の苦しさがある。

逆にあきらめないことも、他の苦しさがある。

あきらめの天秤は期待値と費用の天秤であった。これは視点を変えると、苦しさの天秤と見ることもできる。

今、水がない。水を飲めないという苦しさがある。

そしてそれは、穴を掘るという行動をひきおこした。

今度は穴掘りに伴う苦痛が生じる。エネルギーを消費する苦しさだ。エネルギーを消費する苦しさ（エネルギーが底をつく恐怖）が、水が飲めないという苦しさより大きくなったとき、その行動を中止する。つまり、苦しさの天秤が動き出し、あきらめるのだ。

しかし、我々は水なしには生きられない。そこで、穴掘りをあきらめて他の行動、例えば小川を探しに行くなどの行動を始める。

現在進行中の行動に対抗するもう一つの選択肢がある場合、今の方法の苦しさが耐えられなくなったら、あきらめが働き、乗り換えることができるのだ。つまり、乗り換える（あきらめる）ためには十分な苦しさが必要になるのだ。

私はカウンセラーとして、「あきらめ」がテーマのクライアントの場合、その苦しみの扱いには慎重になる。カウンセリングのいくつかの手法の中には、いわゆる痛み止めのような効果、つまりクライアントの今の苦しみを即効的に低下させてあげられるものもある。

しかし、クライアントがあきらめようとしているということは、脱皮しようというチャンスでもあり、苦しみがそのエネルギーを与えてくれているのだ。そのときいたずらに苦しみを下げるのは、クライアントのためにならない。私はそのことを話した上で、クライアントの自然なプロセスを進めていくことを見守る。むしろ自然な苦しさを支えるといってもいい。

苦しんであきらめる。これが、本来の「あきらめ」方だといえる。これはまた、苦しみのプログラムの本来のプログラム目的でもある。

しかし、物事はそう単純ではない。

あきらめのプログラムを働かせるのは、苦しみという要素であることは間違いのないことなのだが、苦しめばそれであきらめがつくかというとそうでもないのだ。

図を見ていただきたい。（図23）

苦しみが軽いときは、もちろんあきらめのプログラムは働かない。

ところが苦しみが強すぎるとき、先に紹介した「大ごと反応のブースター」が働いてしまい、苦しいだけであきらめがつかず、さらに「生をあきらめるプログラム」が誤作動してしまうのだ。

苦しい⇓自己嫌悪・体の不調・感情のプログラムのいっせい発動による消耗⇓もっと苦しくなる、の悪循環だ。

これは、例えば腰痛がする⇓がまんして動く⇓もっとひどくなる⇓痛みそのものに対してからだがこわばる⇓もっと腰が痛む、という悪循環に似ている。

通常痛みは体を「動かない」ようにして体を回復させるシステムだが、このような状態になると、痛みそのものがストレスとなり、かえって健康を害してしまう。こんなときは、最初の痛みの時点で、適量の〝痛み止め〟を使用すると、この悪循環を防止できる。

大ごと反応の場合も同じだ。苦しみが苦しみを呼んで暴走しているときは、まずその苦しみ

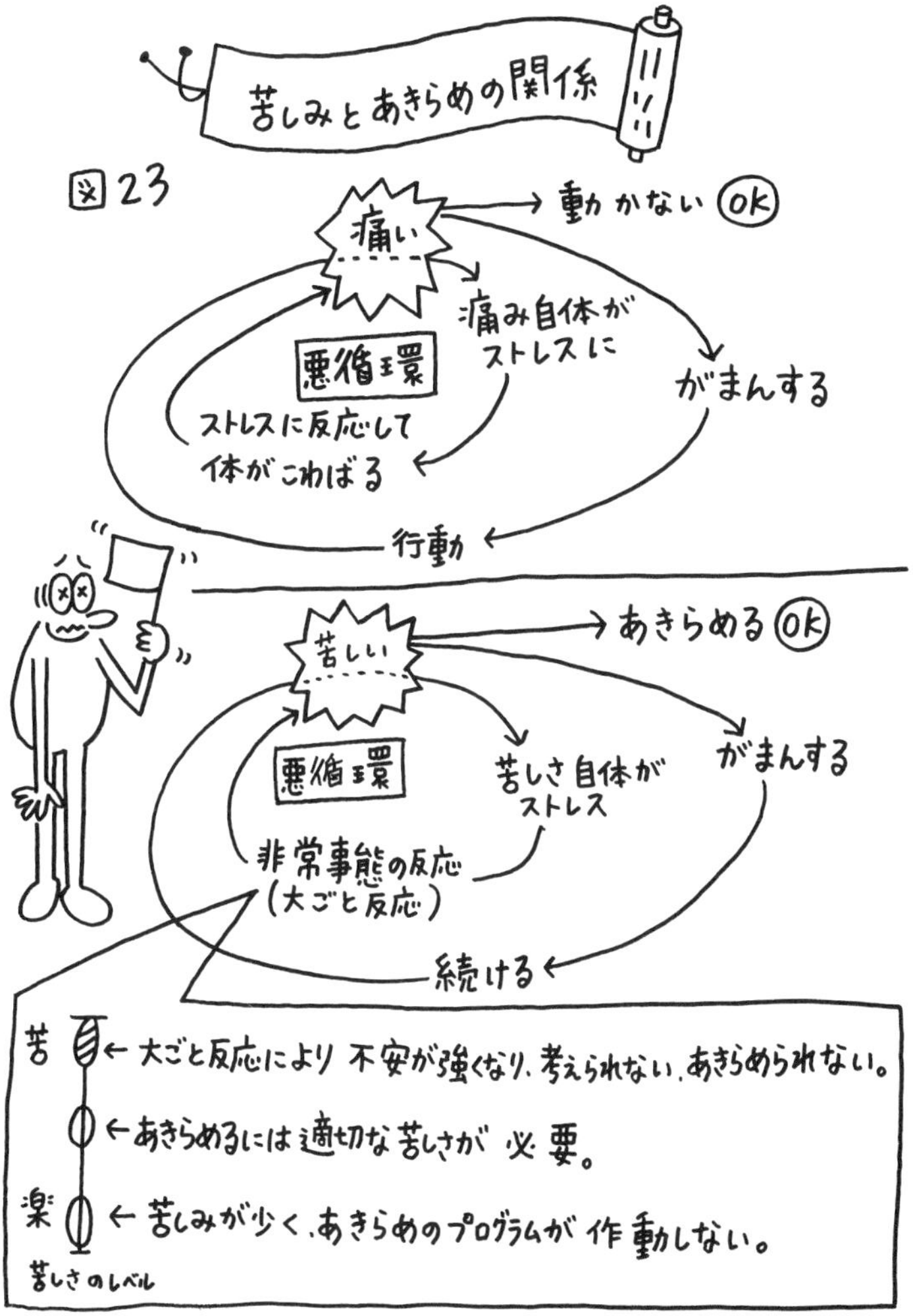

苦しみとあきらめの関係
図23
痛い
動かない OK
痛み自体がストレスに
がまんする
悪循環
ストレスに反応して体がこわばる
行動
苦しい
あきらめる OK
苦しさ自体がストレス
がまんする
悪循環
非常事態の反応（大ごと反応）
続ける
苦
← 大ごと反応により 不安が強くなり、考えられない、あきらめられない。
← あきらめるには適切な苦しさが 必要。
楽
← 苦しみが少く、あきらめのプログラムが 作動しない。
苦しさのレベル

のレベルを下げて、悪循環（大ごと反応）を停止させなければならない。そのためには先ほど触れたような即効性のある心理療法を使うこともあるし、あきらめのテーマでカウンセリングするのではなく、休憩の指導をすることもある。

苦しみのレベルが適正なものであるとき、初めて人はあきらめるという難しい作業ができるのだ。

では、いずれにしてもあきらめるために苦しむしかないのか…。

けっこうつらいな。自分にできるかな。と不安になる人もいるだろう。

一ついいことをお伝えしよう。

それは、苦しさは、身の丈と同等ということである。苦しいのは、それは、あなたにそれに見合う能力があるということを意味するのだ。

例えば、あなたは核や生物化学兵器で地球が滅亡することを心配しているだろうか。隕石が地球に衝突することが気になって眠れないだろうか。地球温暖化の問題は深刻だといっても、始終それで苦しんでいるだろうか。

実際にはこれらのことは大変な出来事で、それで死ぬ確率もあるのだが、ほとんどの人は、心配していないのだ。

それは、そのことを心配したところで、普通の人は何の手立ても持っていないからである。つまり、能力がないと苦しさもない。苦しさのプログラムは、もともと自分のコントロール外にあるものは問題にしないという機能を持っている（自責のプログラム）。苦しさのプログラムそのものも、むだなものには発動しないようにできているのだ。もちろんエネルギー保存の法則のおかげだ。

だから、苦しさは身の丈同等なのだ。

もし、あなたが地球防衛軍の司令官なら、隕石の衝突が気になってしかたがない日々が続いているだろう。

精神疲労のところで紹介したブースターが重なり、不必要に太らせさえしなければ、苦しみはあなたの能力に見合ったものなのだ。

だから、今あなたが選択のために苦しい思いをしているとしても、あなたにはそれを受け入れる能力があるのだ。

一般に苦しみはあきらめ同様、いやそれ以上に嫌われ者だ。

クライアントの中には、苦しさそのものでなく「苦しさを抜け出せない自分」「いつまでもその状態にとどまっている自分」に対して、嫌悪感を持っている人が少なくない。

苦しさは、先にも説明したように、生きるために必要不可欠のプログラムである。それが適正に発動しているにもかかわらず、そのことを嫌ってばかりいると、自分の自然な反応を嫌うことになる。つまり自己否定だ。

この自己否定が生じていると、それがまた苦しさを呼んでしまい、悪循環に陥ってしまう。

そこで私は、クライアントの苦しさ嫌い（自己嫌悪）を発見したら、まずこの嫌悪感自体をターゲットとすることが多い。（苦しいのには十分共感しながら、）苦しみのプログラムのことを説明し、それが「あなたが前向きに生きようとしている」証であること、決してあなたが壊れているわけではなく、行動を起こすための苦しさはエネルギーをためている状態であることを説明する。そして、それはあなたに耐えられる苦しさであり、あなたに必要な苦しさであると。産みの苦しみとか、脱皮のイメージで説明することも多い。

苦しむのは嫌いだ。誰だってそうで、それは当たり前のことである。

ただ、苦しんでいる自分を嫌いにならないで欲しい。それは、もがきながらも今一生懸命前進しようとしている、前向きに生きようとしている、とてもがんばっている〝自分〟なのだから。

▼苦しみのプログラムと「行動すること」の関係

あきらめる際に私がクライアントと一番多く話題にするのは、クライアントの行動についてである。

あきらめは心の中の問題と言ったではないか、という反論が聞こえてきそうだ。

そのとおり、あきらめは心の中の作業なのだが、もう一回イメージして欲しいのは、苦しみの天秤が、今は動きにくくなっている状態だということである。

行動することは、この天秤を動かすきっかけとなりやすいのだ。

私たちは、未来を予測する力を持ったおかげで、不安や希望を感じることができる。それが我々の苦しみや幸せに大きな影響をもつことは、前の章で説明した。

ところが、この未来予想は、それほど正確ではない。むしろ今の気分（不安など）によって大きく影響を受けてしまう。だから、実際行動してみると、案外…なんてことも良くあるものだ。

例えば、洋服選びをするとき、実際に試着してみるとみないとでは感じが変わる。マンション選びでも、広告で見ているのとモデルルームに行ったのでは印象が異なり、購買意欲も刺激される。車の試乗も同じことだ。宴会なんかやめようぜという雰囲気のグループでも、実際に宴会の場になると、「よかったね。こういう会をもう一度やりたいね」などと変わることもまれではない。

人は、行動に移すことで感じ方が変わる生き物なのだ。

ところが、あきらめなど苦しさがあるとき、人は往々にして行動しようという意欲がなくなる。臆病になっているといってもいい。

行動しないと、入力情報が変わらない。だから天秤も動かない。

あきらめのプログラム第三世代は、行動せずにあきらめるプログラムだ。

しかし、それでうまくいかないときは、第一・二世代に戻るべきなのだ。あきらめのプログラム第一・二世代は、やってみてその結果であきらめるプログラムだ。

一人でやる作業（考える）でうまくいかなかったら、頭でっかちを捨てて、〝行動〟のほうに目を向けてみよう。

▼とことんやってみるという決心（放っておくという対処）

行動する、の最初のテーマは、今のやり方でとことんやってみるということだ。

苦しみのプログラムを活用するという観点からは、結果的には、今何かを決心しないで放っておくということになるのかもしれない。

つまり、こう考えられるのだ。

「今のやり方は苦しい。他のやり方に変えようか迷っている。そろそろ決心したい。でも、なかなか決心できない」

こういう状態は、まだ、苦しみが足りないのだ。

今の状態を続けていく苦しみがもっと積もり積もって、あきらめるのに必要な量に達したとき、あきらめられる。

だから、今はまだ決心せずに、このまま（今の選択肢のまま）放っておこう、というわけである。

これは、問題を回避しているような印象があるかもしれないが、実態はそうではない、とことんやって（今の行動を続けて）苦しもうということなのだ。

「とことんやってみよう。それで自分でだめだと感じたら止めればいい」

この作業を通じて、自分なりの輪郭が明らかになる。

他人から見たら、馬鹿みたいに見えても、あなたのあきらめにはその作業が必要なステップなのだ。

▼試しにやってみようという対処

放っておくという対処と逆の方向の対処がこれである。

あきらめの天秤が動きにくくなっている。それならばいったん大きく振ってしまえば、天秤が動き出し、適切な傾きを示してくれるのではないか、そのためには試しに行動してみようという発想だ。

具体的には、あることを想像するがそこに飛び込めない（今の選択肢を捨てられない）状態のときや、複数から一つを選ぶことができないときは、「まず、どれでもいいから行動に起こしてみる」ことを行う。

行動を起こすためには、きっかけが必要だ。

私はよく「試しに」「とりあえず…」という発想を提案する。

試しにという発想は、それで「決めてしまう」というものではない。決めてしまうと思うと足がすくんでしまう。そうではなくて、行動してみてどう感じるかを見てみる、あるいは周囲がどう反応するかを観察してみるという視点だ。

〝試し〟だから、もしいやならまたもとのポジションに戻ればいい。

軍隊の行動に「威力偵察」というものがある。

前方に、いかにも敵が潜んでいそうな地形がある。どこにどれぐらいの敵がどんな仕掛けをして待っているかわからない。そんなときは、怯えてそこに待機していても始まらない。少しちょっかいを出してみるのだ。少数の機敏な兵士だけで、とりあえず少しだけ攻撃してみる。それに対し相手が反応する。それを見て、敵の様子やこちらの戦力との比較をして、最終的に方針をきめるのだ。

つまり、試しは情報収集。一つの行動で決め打ちするのではなく、自分というよくわからない生き物がどう感じるのかを、実際試してみようという発想だ。

一歩進むと、感じ方が大きく変わるクライアントは実に多いものだ。

もう一つの「とりあえず」という発想は、「試しに」とダブって使うこともあるが、試しによりもっと、お気楽だ。

試しに、はそれでもある程度、こうすればこうなるのでは…という予想みたいなものがある。とりあえずは、予想がつかなくても、現在の時点を中心に、やれること、やりたいことをやっておくという発想だ。

メニューを吟味する前に、「とりあえず、ビールと枝豆」

それがあれば今は何とかOKという選択。

しかし、あきらめや苦しみの天秤が動きづらくなっているときは、この「とりあえず」が案外効果を発揮する。

「で、その問題として、とりあえずは、どうしましょうか」

「そうですね。とりあえず、もう少しがんばってみます」

とか、

「そうですね。とりあえず、先輩に相談してみます」

目の前に、ある一つの行動が具体的になると、人は少し落ち着く。そしてその具体的行動が、天秤を動かすきっかけとなることがしばしば起こりうるのだ。

それが、とりあえず食事をする、とりあえず寝るなどのように、問題と関係ないものでも結構。食事をしたり、休憩したりすることで、少し落ち着いて、冷静な選択ができるようになることもよくあるものだ。

ここまで読んできたあなた。

とりあえず、お茶でもどうですか。

▼決心する時期をあらかじめ決めておくという対処

もう一つの〝きっかけ〟として、未来のある時期を決めておき、そのときに思い切って決心してしまうという手もある。

苦しさが募るまで待つといっても、苦しさは一気に大きくなるものではなく、じわじわと蓄積する。「昨日まで耐えられたのに、今日は耐えられない」というくらい明確なら、そのときに決心できるのだが、じわじわ系の苦しさは、苦しさの天秤を動かしにくい。

そこで、ある時期に強制的にでも決心をしてしまうのだ。

もちろんこれも「試しに」感覚でいい。なにも動かないよりはずっと進展が期待できる。

もう一つのコツは、新しい選択肢に動いてみて、それで後悔したら、すぐもとの選択肢に戻るということである。

「やってみたけれど、だめだった。もうこれで十分」と、その1回のチャレンジで、あきらめるきっかけとする。

この方法で、未練を断ち切る人も結構多いものだ。

▼苦しみのプログラムとフォーカシング、心の会議

人の体は一つだが、欲求は多数ある。人はもともとこの構造的な問題を抱えている。人は、通常感情のプログラムや欲求のすべてを満たすことはできない。どうしても、どんな案でも苦しさは残る。

その案を続けるとき、切り捨てられた欲求の苦しさが蓄積し、耐えられなくなると、今の案への「あきらめ」が働き、次の案に移ることができる。

さて問題は、次の案へ移るほどではないが、蓄積している苦しさである。本来は飲み込むべき苦しさだが、この苦しさを「忘れてしまおう」とするとトラブル、つまり未練を残す原因に

なる。

そこで、ある案を選択した場合の付属的な苦しさを、不必要に太らせないための工夫が必要になる。その一つがフォーカシングというセルフカウンセリングの方法だ。（図24）

フォーカシングは、「話をすること」と同じ効果を得る作業を、自分の心の中で行うものだ。自分の中のいろんな気持ちを認めることで安心感が広がる。フォーカシングが、いつもの〝話すこと〟や〝自分の頭で考えること〟と違うのは、言葉ではなく、体の反応に重点をおくことだ。

我々は、腹が立つ、むかむかする、むなくそ悪い、心臓が口から飛び出そう、頭を冷やせ、頭に血が上る、地に足がつかない、腰が抜ける、背筋が凍る…など、感情を表すときに、体を使った表現をする。つまり感情には、体感がつき物なのだ。

ただ、感情はその後「こう感じてはならない」とか「私はこの気持ちには区切りをつけたはず…」などのように信念や考えの影響を受けて、なかったことになってしまうものがいくつもある。ところが、感情はそれでごまかせても、体感はごまかせない。なんとなくいやな感じや、違和感が残ってしまう。腑に落ちないとか、喉に引っかかっている、胸につかえているという感覚である。

フォーカシングでは、その体感を手がかりに、今の事態に感じているすべての感情や考えに「そうだよね。そう感じて当然だよね」と挨拶をし、できればその感情の〝言い分〟を聞く。

これまで無視された苦しみや感情に挨拶をし、認め、無視を謝り、感謝する。この一連の作

図24

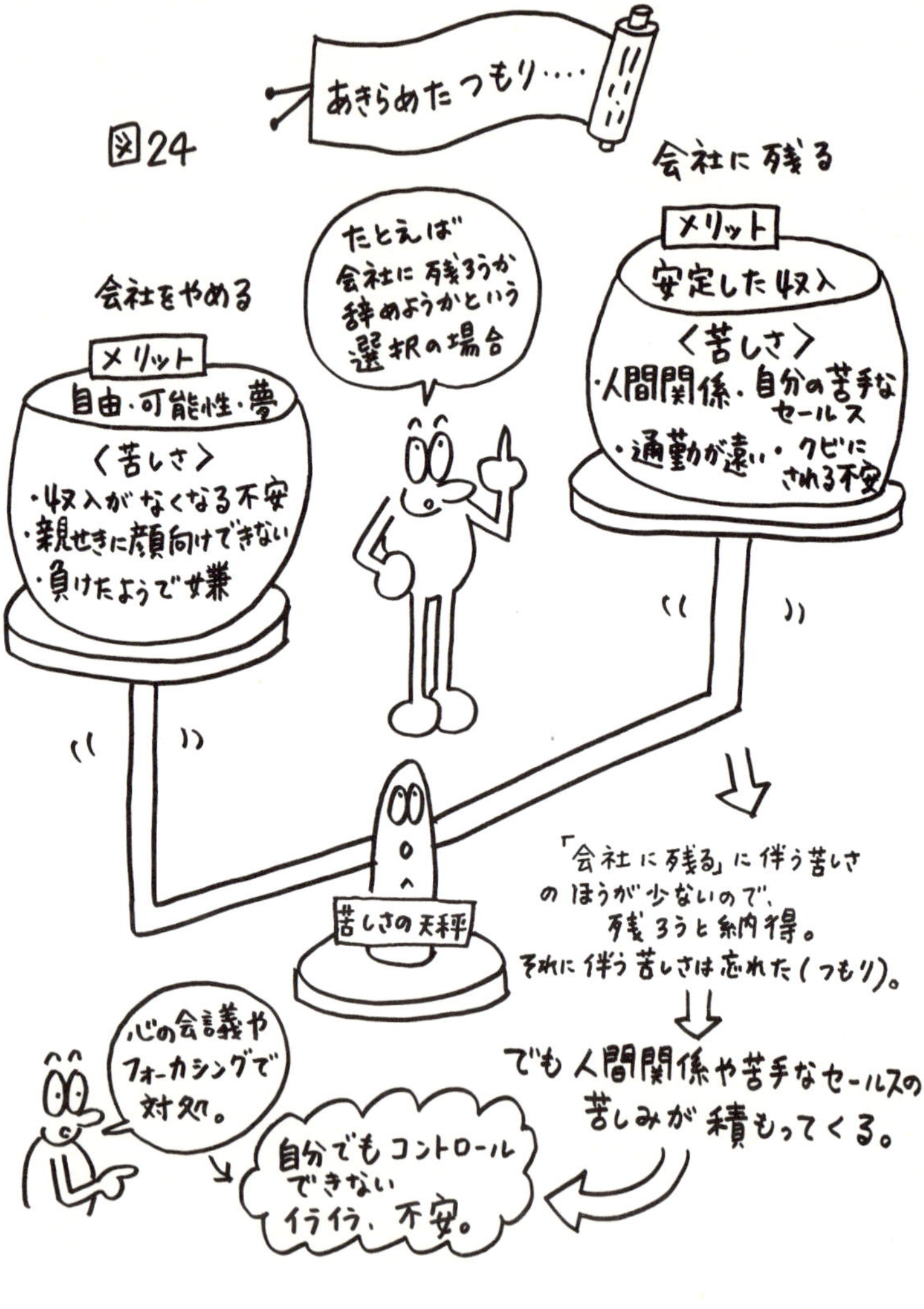

あきらめたつもり……
会社をやめる
メリット
自由・可能性・夢
〈苦しさ〉
・収入がなくなる不安
・親せきに顔向けできない
・負けたようで嫌
たとえば
会社に残ろうか
辞めようかという
選択の場合
会社に残る
メリット
安定した収入
〈苦しさ〉
・人間関係・自分の苦手なセールス
・通勤が遠い・クビにされる不安
苦しさの天秤
「会社に残る」に伴う苦しさ
のほうが少ないので、
残ろうと納得。
それに伴う苦しさは忘れた（つもり）。
でも人間関係や苦手なセールスの
苦しみが積もってくる。
自分でもコントロール
できない
イライラ、不安。
心の会議や
フォーカシングで
対処。

業をすると、苦しみをもともとの大きさにとどめておくことができる。

ここでは、フォーカシングの一般的なやり方については割愛したい。フォーカシングとインターネットで検索してもらえれば、ある程度の情報は入るし、専門書もいくつかある。私も『うつからの脱出　プチ認知療法で「自信回復作戦」』という本で解説した。

フォーカシングのほかにもイメージを利用した心の整理法がある。「心の会議」だ。簡単なので紹介しておこう。

〈心の会議〉

まず、30分ほど、一人だけでゆったりできる時間を取ろう。

目をつぶり、悩んでいるテーマ（あきらめようとしているテーマ）について考えてみる。

例えば、今のあなたのテーマが転職だとしよう。

これからあなたの心の中で、転職の問題を討議する。まず、会場をイメージしてみよう。転職の問題を討議するとき、どんな会議場だろう。どんなテーブルで（円卓か四角か、テーブルなしか…）、椅子はいくつあるだろう。

第一印象のイメージで結構。できるだけ具体的に、リアルに思い浮かべて欲しい。

ある人は、楕円のテーブルに六つの椅子を思い浮かべた。

さて、ドアの向うに出席者が待っている。何人いるだろうか。

次は、ドアを開けて入ってくる人を具体的にイメージしてみよう。

その人の場合、出席者のイメージは、ひげを生やした穏やかそうな顔をしているおじいさん、杖をついてマントをはおっている。王様、体格が良く、包容力・決断力がありそう。占い師、ベールで顔を隠した女性で占いの球を持っている。その他に赤ちゃんと軍人、カメラを持ったリポーターが出てきた。

あなたは登場人物に働きかけようとせず、彼らが何を喋るのかを、ただ傍観していればいい。

この方の場合、最初に占い師が、「転職は凶と出ています」と話し始めた。次にカメラを持ったリポーターが、写真への思いを語り始める（これは、カメラマンになりたいという本人の気持ちの代表だったが、話し出す前までは単なるリポーターだと思っていた）。それに対し、軍人が今の生活の安定性を強調する。王様は、夢や希望をかなえるのは良いことだと主張。おじいさんは何も語らない。議論が紛糾し始めたとき、私が、赤ちゃんはどうしていますかと聞くと、「泣いています。大きな声で泣いています」という答えが返ってきた。私は赤ちゃんは、カメラマンになりたいという純粋な欲求の代表だろうと思っていたのだが、「赤ちゃんは何を伝えたいのでしょう」と問うと、「危険なことはしないでくれと言っています」という答えが返ってきた。

心の会議で、自分の気持ちのかけらの一つ一つを大切にする。やり方は違うがフォーカシングと同じ原理だ。

これらの方法を試みても、すぐにあなたが納得できるストーリーに至らないことがむしろ普通だろう。あきらめは長くかかるプロセスであることを思い出して欲しい。しかしこれらの作業によって、心の整理が進む場合も多いのだ。あなたに合えばめっけもの、一度試して欲しい。

この方の場合、「そうか、自分はやはり危険なことはしたくないのか」と、赤ちゃんの泣き声に自分の気持ちを発見できたのだ。そういうストーリーで今は落ち着くことができた。

フォーカシングや心の会議が、心の整理に効果的なのは、答えが自分の中から出てきたものであるからだ。もし、この方に私が「あなたは、本当は転職するのが怖いのではないですか。止めたほうがいいですよ」などと言ったとしても、決して彼の心の中は、素直に整理されなかったであろう。

▼若い人のあきらめ

若者はエネルギーが多いので、あきらめるのが難しい、ということを先に説明した。

このとき本人があきらめきれないのに、周囲が勝手に決めてしまう場合がある。

そうすると本人の中には、十分な苦しみを経験していないため未練が残り、いわゆる「あきらめきれない」状態が続いてしまう。

親はそうではなくて、とことんやらせるか、苦しませる。獅子は子を谷に落とす。あるいはかわいい子には旅をさせる。

苦しみを嫌ってばかりいては、プログラムが働かない。

あることを乗り切るという短期的な対処に目を奪われるのではなく、その子が上手なあきらめ方を身につけるための訓練だと思うこと。むしろあきらめに伴う心の苦しみをうまくサポートしてあげ、次の船出に必要な良質の時間を提供する港であって欲しい。

親は背中で、あきらめを教える。断っておくが、単にすべてのことを臆病にあきらめるのではなく、勇気をもって試してみて、自分の能力の限界を感じたら、止める。そして、それを自己否定とせず、次の行動に淡々と、あるいは教訓を生かして前進する姿、これが、親が示すべきあきらめの姿だ。

いつも、成功している親はどこにもいない。もしいたとしても子どもはそんな親からは、成功するための方法しか学べない。

親としても、自分の成功している姿ばかりを子どもに見せたいと思うかもしれない。しかし、子どもはむしろ親がピンチになったときをかぎ分け、そのときを見ている。

だから、子どもに正しい「あきらめ」を伝えるためには、親が自分の「あきらめ」を修行し、もがきながらも一歩ずつ前進する背中を見せることなのだ。

主体性のある選択(自分の行動を決める作業2)

あきらめがへたくそだと、一つ一つ現実的な選択をしたにもかかわらず、主体性がなく押し切られて〝今〟があるような気がする。しょうがないから今の自分がいるという感覚だ。

あきらめの一つの肯定的受け取り方は、「○○ができない」ではなく「自分に合わない」として捉えることだ。

だから、常に選択の問題なのだと考えよう。


例えば、彼女にふられたとしよう。

これは選択の問題じゃないだろう、という人も多いだろうが、「彼女にふられた。引き続き彼女にアタックするか、あるいは他の女性に目を向けるか」の選択の問題だと考えることもできる。

すぐに他の女性に目を向ける気にもならないときでも、「しばらく、女性と付き合うのはやめよう」という選択肢もある。

どう、行動していくのかの方針を決めると考えて欲しい。

別に、その行動をとったからといって、ふられた悲しみを感じてはならないということではない。

感じるのは自然なことで、その苦しみは認めるべきである。それはそれとして、自分はしっかり自分の行動を律しているという実感をもつようにするのだ。

未来の幸せは、目標があり、計画があり、それに向かって前進している感じをつかめるときであることを思い出して欲しい。

あきらめを、追いやられた受け身的なものとして捉えるのではなく、主体性のある選択の問題として捉えると、この未来の幸せのパターンに近づきやすいのだ。

誰かに決めてもらう（自分の行動を決める作業3）

これは、出会いという考え方だ。今は選択肢が多い時代、攻撃できそうな場所は数多い。それは狩りと同じだ。どこに行っても獲物と遭遇する可能性はある。狩りは、多くの中から一つの行動を選ぶという選択が当たり前だ。

一方農業は、与えられた土地でがんばる。土地は大事だから、どこかの田んぼを捨てることなどない。全部を大切にする、それが日本人ＤＮＡである。

ところが、現代の日本人には、選択肢が広がってしまった。どれもチェックしたい。誰かにランキングをつけてもらわないと、自分からは選べない。しかも選ぶ基準がなくなってしまった。自分の感覚でいいといわれると、責任を感じ足がすくんでしまう。この意味で西洋人は、自分の命に責任を持ち自分で切り開いてきたが、日本人は、与えられた環境の中でがんばること、守ってくれる集団に従うことで明日の命を確実にした。

だから、現代社会に生きる我々は、選択肢が多すぎて困ってしまう。

そんなときは、やはり〝出会い〟とか、〝運命〟という概念の力を借りる必要がある。

多くの異性から伴侶を選ぶのは、西洋型の選択であった。

これさえ一昔前までは、見合いや家と家との婚姻という形式で、純粋に個人の選択とはいえなかった。むしろがまんするものだったのかもしれない。

しかし、今は選択の問題である。この人に決めようかと思うとき、他の候補者を切り捨てることになる。また、さらに将来出会うかもしれない、もっといい候補者の可能性も切り捨てることになる。

自分が年齢を重ねると、残り時間という重要なファクターがどんどん少なくなるため、あきらめがさらに難しくなる。

未婚の人が、あせりながらもなかなかふんぎれないのはこのためだ。年齢を重ねるごとに競争力は低下するということをよく理解していても、いざ勝負となると、二の足を踏んでしまう。

そういうときは、〝出会い〟や〝運命の赤い糸〟という概念を使って、他の候補や未来の候補を切り捨てるのだ。それが生活の知恵だ。

もともと日本人には、自分で選択する能力は求められなかった。

我々が責任感というときは、与えられた仕事を着実にこなし、他人に迷惑をかけないことを表している。もちろんそれも責任ではあるが、もう一つの、自分の人生を自分自身で選択していくことについては、あまり重視しない傾向があった。習慣や社会、親などに決めてもらうのが当たり前だったのだ。

今の日本は、可能性が増えた分、その中で、未知の可能性を切り捨てる必要があるのだ。そんなときは、今現実にあなたの前にある選択肢が、多くの選択肢の中で、偶然にもあなたと〝出会った〟ことの意味を考えよう。

その選択肢は、今のあなたにはわからなくても、将来のあなたにはきっと意味がある。高校の古文で、「塞翁が馬」という作品を勉強したのを思い出す。

ある日、塞翁の馬が逃げ出した。周囲が「残念ですね」となぐさめにいくと、翁は「いや、このことが福になるかもしれない」と言った。

それから数ヶ月後、その翁が言ったとおりに、逃げた馬は、名馬を連れて帰ってきた。周囲が「良かったですね」とお祝いにいくと、翁は「いや、このことは禍《わざわ》いになるだろう」と言った。

そしてある日、翁が言ったとおり、息子が落馬して骨折する重傷を負ってしまう。周りの人々が見舞いにいくと、翁は、「いや、このことが福となるかもしれない」と言った。

それから1年後に、ほとんどの若者が死んでしまうような戦争が起こったが、塞翁の息子は足が悪かったため、兵役に出ることはなく無事だったという。

塞翁は、物事が起こったとき、その発展をすぐに予言したが、我々一般人にはそこまではできない。

しかし、それが将来自分にとって、大きな意味を持つのだと考えることはできる。あるいは、神様、守護霊様からの試練、あるいは〝お導き〟と考えることもできる。

いささか宗教的で申し訳ないが、自分の心を整理するのに、何を使ってはいけないという決まりはない。

自分の人生を独りっきりで決めるのは、日本人は得意でないということを自覚しよう。もともと選択肢が少なかった時代には苦労しなかった。現在は選択肢が多くて、あきらめるのが難しい。そんなとき、何が何でも自分の力で選択しようという努力を続けて、行動のタイミングを失いがちである。

しかも、以前は身近な人が「もうだめだよ」と引導を渡してくれた。

核家族化が進み、今では一人一人の生活が主体となる個家族になりつつあるという。

そういう時代には、引導を渡すなどという〝濃い人間関係〟は期待できなくなってきた。社会だって会社だって厳しく引導を渡してくれない。そのままずるずると蛇の生殺し人生に陥ってしまう。

もしそうなら、このひろい世界、情報のあふれる世界で、ある人にめぐり合ったこと、ある情報に出会ったこと、ある仕事やチャンスに出くわしたことなどを、〝運命〟や〝宇宙のエネルギーの流れ〟の中での自然な〝出会い〟と捉えたほうが、我々日本人にはしっくりくるのではないだろうか。

自分が受ける刺激を変える（自分の思考環境を変える作業）

あきらめるのは、難しい。わかっているけれど、あきらめきれない。これが現実だ。

これまで紹介してきた方法を試しても、うまくいかないというあなた。人に話もできず、情報も得られず、かといってイメージの中で会議をしようとしてもうまくいかない。ましてや行動に移せといっても、そのやる気がおきない。

そんな人に試して欲しいのが、次に紹介する100人バランス修正法だ。

材料が決まっていて、別な料理を作れと言われても限りがある。

これまでは料理法を変えてみようというアドバイスだったのだが、今度は材料から変えてみようという提案だ。材料とは、あなたが受けている刺激のことだ。

以前に触れた100人誤作動は、「人の幸・不幸は、心の中の100人に影響される」というものだった。

この心の中の100人から受ける刺激が、材料になる。

とすれば、この心の中の100人を変えることによって、あなたの気持ちや行動（料理）が変わってくる可能性が大きい。そこで、私はこのバーチャルな100人を意識的にコントロールして、自分が受ける刺激を変化させることにより、あきらめなどの苦しみを少なくする方法をクライアントに薦めており、けっこう好評だ。100人バランス修正法と呼んでいる。

一口に言うと、あなたのバーチャル100人から受ける不快刺激が多ければ、快の多いグループに改善する。つまり、プラス刺激の人との付き合いを多くし、マイナス刺激の人との付き合いを少なくする。このとき、マイナスの人を切るというより、プラスの人との付き合いを多くすることで、相対的にマイナス刺激の人の割合を少なくするのがコツだ。特に、人間関係が少なすぎて、特定の人から大きすぎる刺激を受けている場合は、中間刺激かプラス刺激の人との付き合いを増やすことに専念する。

この100人バランス修正法は様々な場面で使え、気付きも多い。

そこで、まず100人バランス修正法の一般的なやり方を紹介しよう。

作業1　まず、自分が影響を受けていると思われる人のリストアップから始める。自分の親兄弟、配偶者、恋人、友達から始めて、学校の先生、職場の上司、同僚、取引相手…さらには、テレビに映るタレント、愛読書の著者なども入る。実際に会ったことはなくても、メールでやり取りをして悩みを相談する間柄になっているメル友、ミュージシャン、いやなことでもうれしいことでも、何でもいいから自分に影響を与えている人をリストアップするのだ。

図25（Uさんの100人リスト）のような表を作り、人を思いつくままに、書き出していく。一人に1行使う。

お友達を100人リストアップしろといわれると、案外難しい。自分は友達だと思っているけれど、相手はどう思っているのかわからないなどと余計なことを考えてしまう。

ここでは、相手の気持ちなど考えなくていい。とにかく自分の感情や行動に、よい影響であれ、悪い影響であれ与えている（自分が影響を受けている）と思う人を挙げるのだ。

もちろんリストアップするうち130人になってしまったら、それはそれで問題はない。80人しかいないならそれでもいい。

作業1 （100人のリスト）	作業2 （影響を受けている）	作業3 （影響を与えたい）	作業4 （大切にしたい）
取引先M			
取引先N			
関連企業担当A			
関連企業担当B			
関連企業担当C			
関連企業担当D			
関連企業担当E			
官公庁A部長	○	○	
官公庁課長			
官公庁A課長補佐	○		
官公庁B担当			
官公庁C担当			
官公庁D担当			
かかりつけの医者	○	○	
義父			
義妹（妻の妹）			
隣人A	○		
隣人A婦人			
隣人B			
町内会長			
ゴルフ仲間A			○
ゴルフ仲間B			
ゴルフ仲間C			
大学同期A	○		○
大学同期B			
高校同期A			
中学同期A			
中学同期B			
作家A	○		
作家B			
高校の恩師			
家を建てた大工		○	
息子の担任			
息子のクラブのコーチ		○	
お茶の先生			
お茶仲間A			
お茶仲間B			
大学時代の憧れの先輩	○		○
占いの先生	○		
朝のＴＶの占い			
「○△×」（雑誌モデル）			
情報番組A			
情報番組B			
情報番組C			
ニュースキャスターA			
ニュースキャスターB			
映画監督A			
政治家A			
評論家A	◎		
評論家B			

図25

Uさんの100人リスト

作業1 （100人のリスト）	作業2 （影響を受けている）	作業3 （影響を与えたい）	作業4 （大切にしたい）
妻	○	○	◎
長男	○	○	◎
次男	◎	◎	◎
長女	◎	◎	◎
父	○		◎
母			◎
姉			○
義兄			
弟			○
叔父（島根）			
叔父（千葉）	○	○	
部長	◎	◎	
M係長	○	◎	
J係長	○	○	
部下A		◎	○
部下B		○	
部下C		○	
部下D（女性）			
部下E（女性）	○	○	○
部下F（女性・派遣）		○	
部下G（女性・派遣）			
部下H（女性・派遣）			
部長A		○	
部長B		○	
部長C	◎	◎	○
部長D	○	○	
部長E			
部長F	○	○	
部長G			
専務A	◎	◎	
専務B	○	○	
常務A	○	○	
常務B	○	○	
常務C			
社長	◎	◎	
会長	○	○	
取引先A	○	○	
取引先A補佐	◎	◎	
取引先B	◎	○	
取引先C	○	○	
取引先C補佐	◎	◎	
取引先D	○	○	
取引先E	○		
取引先E補佐			
取引先F	○		
取引先G	○		
取引先H			
取引先I			
取引先J			
取引先K			
取引先L			

きっちり100人にしたいという几帳面な人は、影響度の大きい人から100人ほどで切ってしまおう。

作業2　100人のリストができたら、その中で自分の生活に特に影響を受けている人10人を選び、隣の項目に、大きな◎をつける。つぎにそれほどではないが他に比べると大きい影響を持つ人を20人選び○印をつける。

作業3　つぎは、自分が影響を与えたいと思っている人（自分がエネルギーを注いでいる人、この人をこうしたいと思っている人）を10人選び、2番目の欄に◎をつける。同じく比較的強く影響を与えたいと思う20人を選び、○をつける。

作業4　つぎの欄に、あなたが最も「大切にしたい人」5〜6人に◎、比較的大切にしたいと思う人10人に○をつける。

この作業をしているといろいろなことに気がつく。
まず、自分が実際にエネルギーを向けている人々と、本来大切にすべき人（エネルギーを注ぐべき人）の差を感じることができる。

Uさんは、最近部下たちとうまくいっていない。特にナンバー2の係長とは冷戦状態である。作業2の「影響を受けている」という言葉で、Uさんは考え込んでしまった。Uさんは小さく手を挙げて私を呼んだ。

「ある人のことなんですが、別に特に話もしないし、仕事上の付き合いだけなんです。私自身が彼のために行動に影響があるかというとそうでもないのですが…」

「でも、気になるんですね。というか気にしてしまう」

「…そ、そうですね」

「まず、あなたがその人のことを私に質問した時点で、やはりその人からは相当影響を受けているということ、つまり、あなたの関心エネルギーを使う対象だということです。行動に影響がなくても、その人のことを考えたり、その人がどういう反応をするのかを考えていたりすることも〝影響を受けている〟と、ここでは考えてください」

Uさんは、私の指示どおりに作業を進めた。

作業4に進んだとき、Uさんが突然ペンを止めて、

「いや～、これは厳しいですね」

「どうしました」

「自分が本来大切にすべき人を、本当はないがしろにしていたことが明らかになってしまうんですね」

「そうなんですよ」

我々は、１００人に対して行動する。

我々の１００人が、格段に広がった人間関係のおかげで、自分の近傍の１００人ではなくなっていくことは先に触れた。しかし、実は現代の１００人が、生活と密着していないのにはもう一つ理由がある。それはイメージする力による変形だ。

私たちが未来を予測し、危険を避けるために、我々はイメージするという離れ業を身につけた。

我々は、刺激をそのままの形で認識するのではない。

ためしに、これから1分間、聞こえてくる音に注意を向けて欲しい。目をつぶると良いだろう。

どうだろう。活字を追っている間は意識していなかった様々な音に気がついたのではないだろうか。

講義を録音しようとしてテープレコーダー（古いか、今はＩＣレコーダー？）をまわすと、雑音が邪魔して、講義のときは良く聞こえていた講師の声があまり聞き取れないことがある。これも、人がある情報を意識的に注意を向けて（それ以外の情報を無視して）、効率的に情報処理するという能力のなせる業だ。逆に「心ここに在らざれば、見るものも見えず、聞くものも聞こえず」ということもしばしば体験する。

さて、このように人には、注意を向けたものだけが意識されやすいという性質がある。そして意識されたものだけでイメージが作られる。

現実とイメージは、注意していないとどんどん離れていくことがある。

私のカウンセリングでも、この暴走したイメージを現実に近づけるためのお手伝いをすることは、かなり頻繁で、かつ重要な仕事になっている。


100人リストに戻ろう。

Uさんの100人は、このイメージの変形を受けた100人なのである。

しかし、変形を受けていたとしても、現実に影響を受けてしまうのがこのリストの100人なのだ。


Uさんが苦笑した理由をお話しよう。

Uさんは、作業2・3を行いながら、自分は会社のメンバーが中心のリストを、「仕事をしているから当然だな」と感じていた。

ところが、作業4をやりながら、自分が大切にすべきだと思っている、家族、親、友人、恩師などには、あまりエネルギーを使っていないのだなということに気がついてしまったのだ。

「いいか、会社はな、君たちの面倒を一生見てくれるわけではないんだぞ。家族を大切にしてやれ」

朝礼のとき、たびたびUさんが口にしている言葉だった。

さらに、Uさんは、気がつく。

先に私に質問した係長のMさんのことだ。

「いや〜、実は部下なんですが、私の方針にいつもいちゃもんをつける係長がいて」

「先ほどの？」

「そうです。それで彼のことは彼の性格だからしょうがない、自分が気にしなければいいんだと、思っていたんです。それで、他のメンバーにも悪い影響が出ないように、私がある程度大人として飲み込んで、まぁ、うまくやっていると思っていたのですが…」

「なるほど」

「ところが、影響を受けているかって考えてみると、正直かなり影響を受けているのですよ。酒を飲んでいても、いつも彼のことばかり考えていて、社外の友人に愚痴をこぼしたりしているんです。つまり、この作業で言うと、確かに影響を受け、影響を与えたいと思っているんですよね。

『そんな、小物のことはほうっておけば良いじゃないか』とアドバイスされたりして、本当にそうだと思うのですが、つい考えてしまうんです。最近は出勤するのも何か億劫で」

「で、実際その人と話しているというか、交流している物理的な時間はどれぐらいなのですか」

「んー、まぁせいぜい一日10分、程度でしょうか。避けているところもあって、必要最小限の会話しかしませんから…」

Uさんは正直に話してくれた。

これが、イメージによって変形を受けた結果なのだ。実際には一日に10分程度のコミュニケーションしか取っていないM係長の存在が、必要以上にUさんのリストの中で重要人物として位置付けられている。

「では、この作業をしてみてください」と私は、次の作業を提案した。

作業5

作業2で◎を付けた影響を受けている10人(プラスM係長)を抜き出し、それぞれが自分の行動・感情の何パーセントほどを占めているのかを円グラフで書いてみるのだ。

何回か書き直した後、完成したUさんのグラフは図26のようなものだった。

「どうですか。何か考えるところがありますか」

「そうですね、やはりM君のことが大きいですね。なんだか、悔しいような、自分が情けないような」

「では、引き続きつぎの作業をやってみましょう」

図26

作業5 誰にどれくらい
影響を受けているか

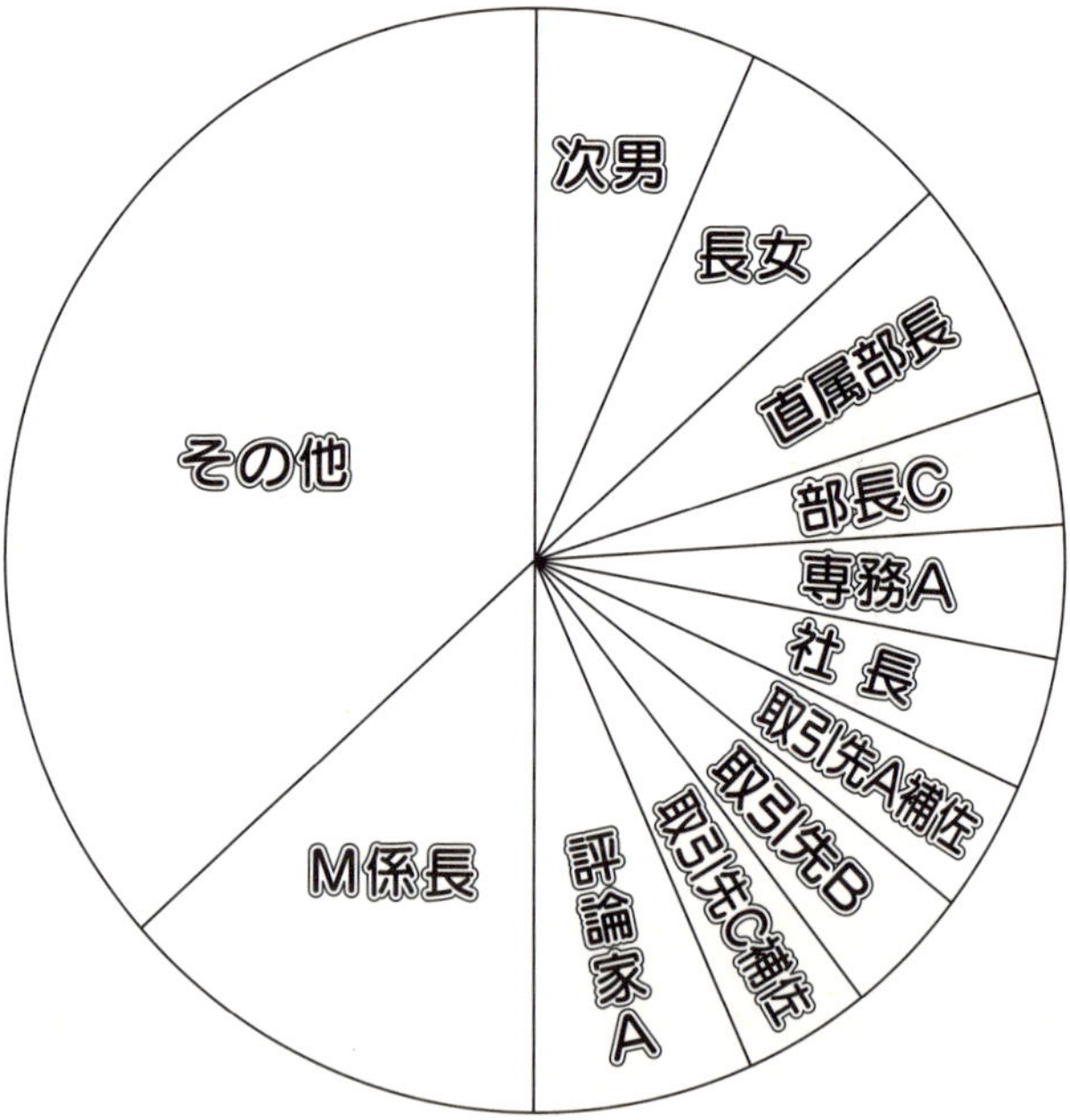

作業6　自分が一日をどのようなことを意識して時間を使っているかについて考えてみるものだ。日々の生活を思い起こし、自分がどんな割合で時間を過ごしているかを円グラフにしてみる。具体的な時間をきっちり計算するのではなくて、意識の中の時間、イメージでいい。

その時間は自分のための時間だろうか、それとも誰かのための時間だろうか。更に、その誰のため、は、本当は自分のどんな欲求からきているのかを考えてみる。

これまた悩んだ末、Uさんが表現したのはシンプルなグラフだった。（図27）

「イヤー、参りました」

「自分ではそれほどとは思っていなかったんですが。もしM君のことがなければ、自分の時間、自分の楽しみの時間だったところが、M君のために使っているようです。自分のために使っているように見える時間も、M君のことを忘れようとして行動しているのですから、彼の影響を受けている時間だという感じがしてきました。一層落ち込みますね」

「そうですか。実はUさんがM君のことを忘れられないのは、むしろ当然なんですよ」

「え、どういうことですか」

私は、１００人村の話を始めた。

１００人村で、誰かがあなたに敵意を持っていたとしよう。

図27

作業6 時間の使い方

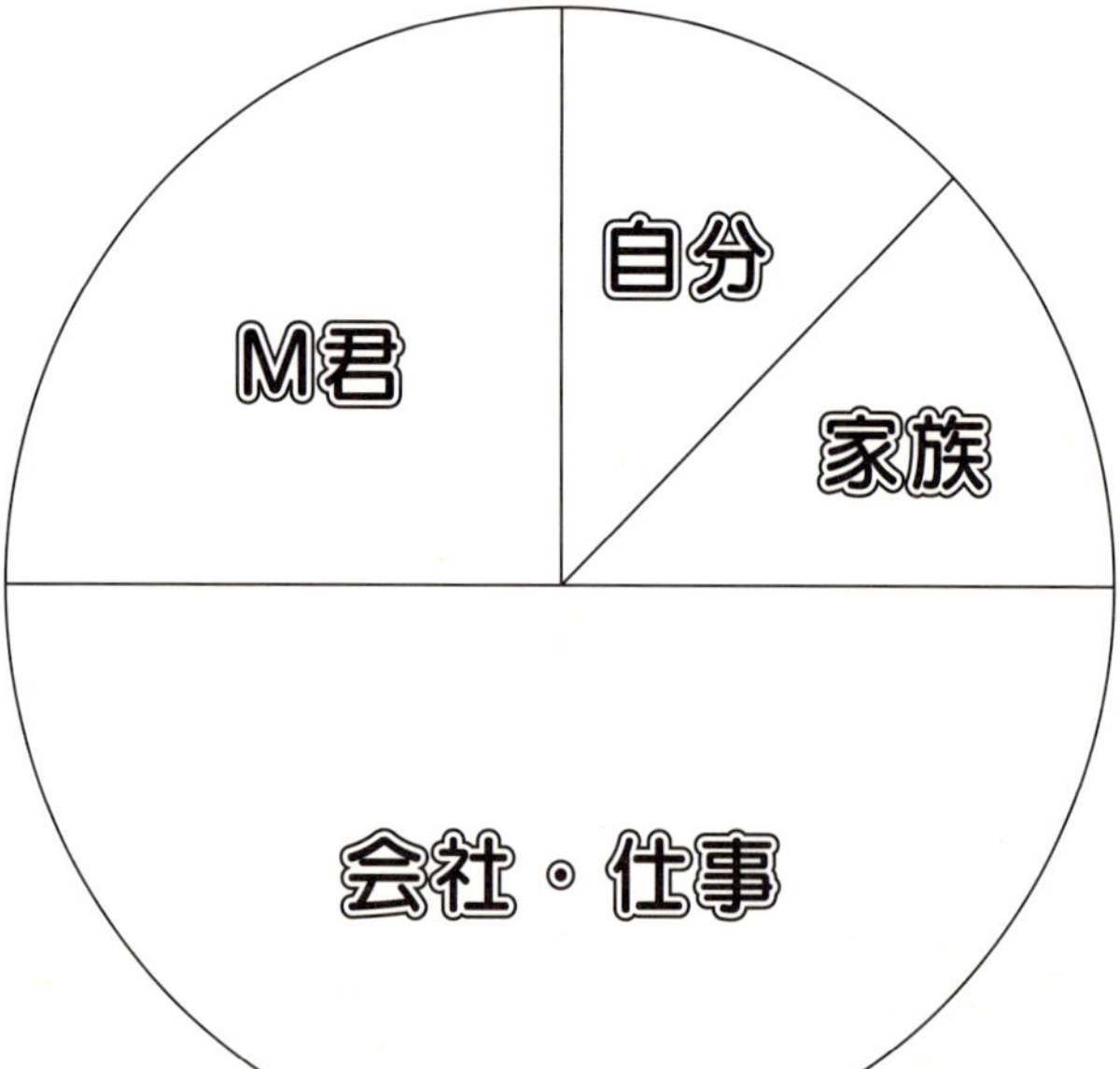

それは、あなたがその人から、いつか地位を奪われる、あるいは最悪の場合命を狙われるという可能性を意味するのだ。

だから、その人に注意を向けておかなければならない。警戒し続けなければならない。

それが終わるのは、その人の「心理情報」（本音）を聞き出し、自分に敵意がない、あるいは殺そうとしているのではないということを理解するしかない。あるいは、その状態が長く続き、結果的に自分を攻撃することがなかった、という慣れが得られたときである。

「そうですか。気になるのは当然なんですね。気にするのがあたりまえなんですね。それでは、私がM君と腹を割って話をすればいいということですか」

「そうですね。それですべてがうまくいくとは限りませんが、M君の本音を聞ければ、きっとUさんの心も落ち着いてきますよ」

「でも、ちょっと怖いですね」

「それは、先にお話をした、M君がUさんを殺してしまうような悪意を持っているのではないか、という漠然とした恐怖があるからです。どうです、冷静に考えて、M君はそこまであなたに敵意がありそうですか」

「いいえ、まぁ、自分の意見を通したいというだけだと思いますけど」

「それなら、勇気を出して接してみてください。それが、あなたの１００人リストの一番の改善点かもしれませんよ」

「わかりました、やってみます」

100人リストは、このように1から6までの作業をする中で、様々なことに気がつき、それだけでも効果があるが、次に具体的にどこをどう修正していこうかという方向性を見出すことができたりする。

Uさんの例では、イメージの修正という点が主要なポイントとなったが、100人リストのもう一つの狙いは、100人そのものを変えていくことだ。

つまり、イメージではなく、刺激を受ける付き合いそのものを変えることにより、自分の幸せ度を高めようというものだ。これがあきらめを進めるための強力な武器になる。

例えば、

「自分に自信がない」というW子さん。

リストを見てみると、大学のゼミ仲間や勉強会のメンバー、教授などが目に付く。高校から付き合っている恋人や友達もいるが、重要度は低い。家族もあまり重要度が高くない。

彼女の勉強熱心な性格がそのまま表れているようだ。

自信がテーマということで、追加の作業として作業7をやってもらった。

作業7　あるテーマをきめて、そのテーマに関して、影響を受けている人20人から、プラスの影響を受けているのか、マイナスの影響を受けているのかについて5段階で評価する。
(プラス2、プラス1、0、マイナス1、マイナス2)

例えば、自信を失うがテーマであれば、Aさんといると楽しいけど、自信を失う自分を自覚するなら「マイナス2」という具合である。

「いつも落ち込んでいます。やる気がなくなったというか、人に会うのが怖いような。前はもっと自分に自信があったんですけれど、今はぜんぜん自信がなくなって…」

「どういう風に?」

「ゼミで勉強していても、自分だけついていけないんです。友達と話していても、皆すごく前向きだし、すごく頭良いし、私だけ能力なくて…」

彼女が通っている大学は一般的にとてもレベルが高いといわれている大学だ。そこに通っていることだけでも彼女がその分野(例えば学問)で優秀な能力を持っていることを示している。ところが、いま彼女は、自信を失いつつある。つまり、今の100人リストからは、総合してマイナスの刺激を受けてしまうのだ。それは作業7の結果が明らかに示していた。

そのことを話すと彼女は、

「そうかもしれないですけれど、私が付き合っていたい人たちなんです。皆に遅れたくないし、いい刺激を受けるんです」

「そうか。でも、自信喪失はつらいね」

「はい…」

「いい刺激を受けるけれど、それが自信喪失のもとにもなっているんだね」

「はい、でも今の人たちと付き合わないでいたら、自分はなりたい自分になれません。ここは逃げちゃいけないって感じるんですけれど」


いわゆる、「できる」ことへのこだわりが彼女のあきらめの天秤を動かなくしている。

「全部っていうわけではないよ。もちろん今の人間関係は大切だ。自信喪失で、苦しくて、結果的に勉強が続けられなくなるのは嫌だろう。だから、少しだけバランスを変えるだけだよ」

「少しだけ変えるだけですか」

「そう、自信喪失っていう観点からすると、100人リストの中で、この人といると、そんな自信喪失など考えなくてすむという人は誰だろう。100人以外から選んでも良いよ」

というと、彼女は、

「テニス部の友達の○子、とりとめもない話ばっかりなんだけど、あっという間に時間が過ぎてしまう」

「あ、そういえば、テニスをやっているときもそうかもしれない。○子たちとの付き合いも最近なくなってきたな」

「どうして?」

「ゼミが忙しくって。試験準備もしなくちゃいけないし。だから、誘われても断ることが多くて。そのうちにあまり誘われなくなっちゃいました」

「そうか、じゃその○子って子に、とりあえず手始めに電話をかけてみれば？　かけにくい？」

「そんなことはないですけれど、やっぱり時間が気になります。自分だけ、また遅れそうで…」

「今のあなたは、休憩も取らずに走りつづけているようなものだよ。○子たちとテニスをしたりおしゃべりをしたりするのは、あなたが走り続けるために、必要な栄養だと思うけれど」

それでも渋るW子さん。

「試しにやってみよう。ダメだったら、他のところをいじれば良いし」という私の誘いに、

「そうですね。受験勉強をしていたときも、気晴らしによくテニスをやりました。大学に入ってからは、なんかそんな余裕なくて。とりあえず、一回電話してみます」

その後、W子さんは、○子さんたちとの付き合いを再開した。

しばらくして会ったW子さんは、

「大学にも慣れちゃいました。結構みんな普通の人なんですよ。テニスをやってスカッとするのも思い出しました。やっぱりああいう時間も必要なんですね」

と明るい顔で挨拶してくれた。

今の彼女の１００人リストには、テニス仲間がしっかりカウントされているだろう。

このように、今のあなたが、全体としてマイナスの刺激を毎日受け取っているとすれば、100人リストに載っている個々人の刺激の総和が、マイナスだということなのだ。

だから、プラスの刺激を多くうける交流をすこし増やしてみることが必要だろう。


また、このようなケースがあった。

離婚により、子どもと二人きりの生活をしているお母さんのケースである。

どうしても子どもを虐待してしまうという深刻な相談だった。

愛しているのに、ほんのちょっとしたことでかんしゃくを起こす自分がいる。その後後悔するのに、また手が出てしまう。怯えている子どもを見ていると、自分が幼いころ父親に意味もなく蹴飛ばされた恐怖を思い出すのだ。

これは、大変なケースだ。子どもの安全を確保しなければならないと身構えてしまった。しかしながらよくよく聞いていくと、暴力自体はそれほどひどいものではなかった。昔なら普通にあった躾のレベルである。しかしそれで問題が解決したわけではない。問題はこのお母さんの「自分がコントロールできない」という不安感だ。

私は、客観的に見て〝幼児虐待〟といえるほどの状態ではないと思うこと、子育てをしているときには誰でもストレスがあり、自分をコントロールできなくてもあたりまえだということを伝えた後、

「でも、いずれにしても仕事で疲れて帰ってきて、それからずっとお子さんと二人っきりとい

うのは、息が詰まりませんか」

と100人バランスの話をした。

このお母さんは休日でさえも、平日の分を取り戻そうとして子どもにべったりくっついたままだったのだ。

このように子どもにとっても親にとっても、双方が30パーセント以上を占めているような濃すぎる人間関係は、あまり良いバランスとはいえない。

というのも、うまくいっているときは良いが、その人間関係が崩れたとき、あまりにも大きなダメージを受けるからだ。

自分の感情が、その人の言動によって大きく左右されてしまう。

適切なバランスとは、100人の村で、10人の家族がいるパターンだろう。祖父母、両親、6人兄弟。更にこの10人ほどは親密でなくても近くにはおじやおば、いとこもいる。誰かと一対一で抜き差しならない関係になることはない。なんらかのことで重要な人間関係が崩れても、同じような関係の人々が助けてくれる。そういう懐の深いバランスが必要なのだ。(図28)

先のお母さんは、日曜日に地域でやっている「仲良し教室」に参加することにした。離婚したことを恥じる気持ちのあったお母さんは、そのような会があることは知っていたが、避けていたのだ。

仲良し教室で、子どもをあそばせている間、自然に親同士のコミュニケーションが生まれて

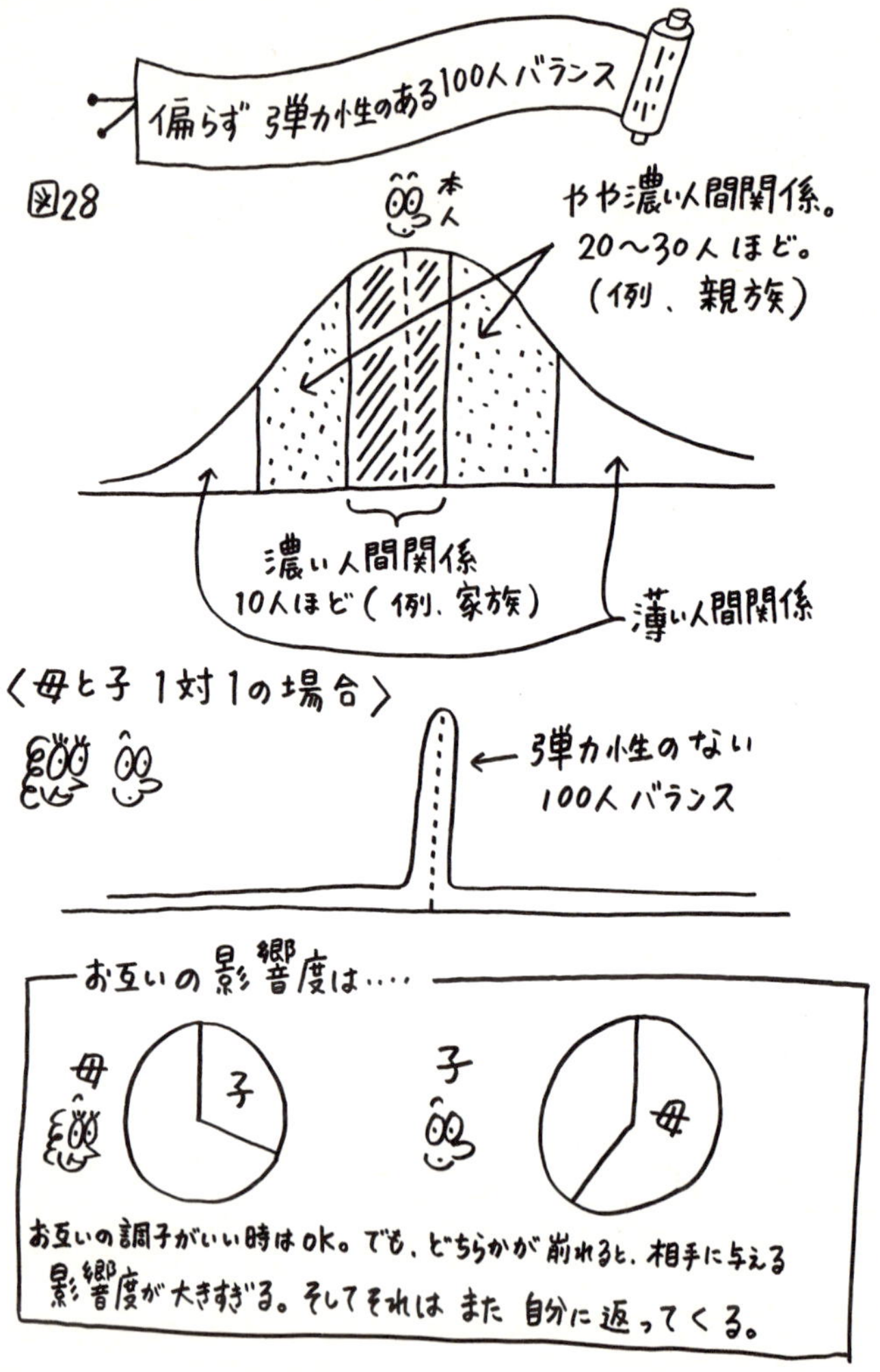
偏らず弾力性のある100人バランス
図28
本人
やや濃い人間関係。
20〜30人ほど。
(例、親族)
濃い人間関係
10人ほど(例、家族)
薄い人間関係
〈母と子 1対1の場合〉
弾力性のない
100人バランス
お互いの影響度は‥‥
母
子
子
母
お互いの調子がいい時はOK。でも、どちらかが崩れると、相手に与える
影響度が大きすぎる。そしてそれはまた自分に返ってくる。

きた。

「先生、バツイチの会を作っちゃいました。今、バツイチは人気があるんですよ」

久々に町でばったり会ったお母さんは、同じ年代の親子と一緒で楽しそうに笑っていた。

このように、１００人リストを作ったら、１００人バランスを修正することを考えてみよう。いたずらに、これまでの人間関係を切る必要はない。それより、これまで付き合っていなかった人間関係を大切にすることにより、悪い影響を受けている人間関係の比重を軽くすることを考えるほうが、現実的だ。

▼コメントや事例、本音情報による影響が強い

さて、１００人リストで、我々が受ける刺激というものについて考えてみた。ところがこの刺激の受け方にもすこし知っておくべきことがある。

我々は、文語体（書き言葉）より口語体（話し言葉）、論理より事例、表面情報より心理情報（本音）から多くのメッセージを受け取る。

口語体の情報は、我々が原始時代からやり取りをしてきたものであり、まさに１００人村が存在していたときの主要な情報の伝達手段だ。人のうわさ、伝聞である。

事例は、あることの概念や論理に比べて、我々の心に響く。これも１００人村の時代のなご

りだ。

原始時代にあったのは、すべてが具体的事例だ。そのころは、春になったら種をまく、というより、小川の氷が解けたら、この魚が泳ぐようになったら、などのように具体的な事象のやり取りがされただろう。

だから、我々は、哲学の本より小説のほうが読みやすい。映像情報がもっとも伝達力があるのも、事例そのままであるからだ。

「最近凶悪犯罪が増加している」と聞くより、「○○さんのお宅で、いつごろ、こんな状態で、こんなことがあった。誰が、こういう目にあった」という事例情報のほうが、よく伝わる。さらに、臨場感のある映像を少し見ただけで、自分の身を守らなければという気持ちがいっそう強く働くだろう。

また、その情報は表面的な事実より、登場人物の心理状態の情報が入っていたほうが、我々の行動・感情に影響を与える。

商品の宣伝でも、その製品の効果を淡々と説明されるより、誰か第三者のコメントがあるほうが、説得力がある。「口語」「事例（具体的）」「心理情報」が入っていることが多いからだ。インターネットなどで商品を検索すると、使用者のコメントを入れてあるサイトが多いのもこのためだ。

私たちが、テレビなどで日ごろ平静を装っているタレントが興奮して怒ったり、あるいは感極まって泣いたりする場面をみて、妙に画面にくぎ付けになる。これも、本音に関する情報が含まれるからだ。人が本音を明らかにするということは、その人の行動を読みやすくなる。

ウルルンやガチンコ、あいのり、キスイヤ系が高い視聴率を取るのは、この「本音情報」があることと、日本人特有の「がんばり好き」傾向にぴったりくるからだ。

この場合も、我々はテレビの登場人物を１００人村の一人として感じてしまうのだ。１００人村の本音を知るのはとても重要なことである。

テレビの中だけでなく実際の人間関係でも、例えば、くすぶっていた人間関係だったのに、派手な喧嘩をした後、急に敵意が薄れることがある。これも喧嘩をして相手の本音を引き出したことで安心する効果と、自らの感情を放出した（がまんを止めた）効果と、「皆に好かれたい」という１００人誤作動の一つが活性化した作用である。

この他にも、殺人の被害者の家族が、自分の心の整理をつけるため、加害者に会って話を聞きたいと思うことがある。

深く考えないでこのことを見ると、「その加害者を、殺してしまいたいのならわかる。話を聞いてどうするのだろう」という疑問がわくかもしれない。

しかし、これも表面情報と心理（本音）情報の差がもたらす行為なのだ。

殺人という行為の表面的な情報は、裁判やマスコミなどから流れてくる。それで心を落ち着けようとするが、愛する家族を失った悲しみ、怒り、恨みは、簡単には収まらない。

私は、感情はすべて、未来形だと思っている。

恨みの感情は、過去にとらわれているように感じるかもしれないが、恨みには「過去に自分を苦しめた相手がいる。その相手に仕返しをしないと自分や仲間が殺されるかもしれない。相手の敵意を確認しないと、また自分の大切なものを奪おうとするかもしれない」という認識が基礎にある。だからその相手をすきあらば攻撃し、それができなければ少なくとも、常に監視し、警戒し、本音を知らねばならないのだ。

だから、復讐という単純な方法が禁じられている現在、とりあえずその人と会って、「どういう気持ちで事件を起こしたのか。今はどう思っているのか（これからどうしようとしているのか）」を知らないと落ち着けないのだ。我々は、心理情報、つまり本音情報を知ることによって、未来の不安を低減させたいのである。対処が必要なら準備するし、これ以上の警戒が必要でないなら、あきらめる、忘れる、受け入れるという作業が始まる。

オウム真理教の松本被告が、最後までこの心理情報を話さなかった。被害者のご家族の苦しみは察して余りある。

我々はよく「百聞は一見にしかず」という。これはかなり説得力をもっているが、客観的に見ると少々怪しいところがある。

というのも、このようなことがあるからだ。

ある会社で、若者のファッションのニーズに関して、担当者が豊富なデータと資料で部長を説得しようとしている。ところが部長は、「わかった、しかし私も現場を見てみたいと思う。百聞は一見にしかず、と言うしな」と、結局、若者の街、渋谷で直接視察し、インタビューすることになった。

ところが、運命のいたずらか、部長が現場に行ったときは、担当者の説明とまったく異なった状態になっていたのだ。誰もそんなファッションをしていない。数人に聞いても、「そんなの知らない」と答えるだけだ。

これは、本当に偶然の出来事、しかもめったにない出来事だった。

必死に〝本当の状態〟を説明する担当者を、「しかし、現に今はほとんど誰も、そんな恰好していないじゃないか」と部長が厳しい態度で突き放す。

結局その会社は、トレンドに乗り遅れた。正しく市場をつかんでいたのは担当者。一見を信じ、ビジネスチャンスを逃がしたのは、部長である。

これも、「口語」「事例」「本音」情報に心を動かされやすい人の性なのだ。

▼小学生のカッターナイフ殺人事件

例えば、この本を執筆中に小学生が同級生をカッターナイフで殺害するという悲惨な事件が発生した。学校で同じクラブに所属し、特に仲のよかった二人は、学校以外でもその他の友達を交え交換日記をしたり、ネットでのチャットをする仲であった。

殺害の動機は、ネットや交換日記で、容姿に対して悪口を書かれたことだという。

100人バランスから、この事件を見るとこうなる。

犯行に及んだ少女にとって、相手の少女の存在があまりにも大きくなっていたのだ。100

分の30も占めていたのではないだろうか。

学校、クラブ、交換日記、チャット…。これでは刺激が多すぎる。

このような深い関係は、うまくいっているときは問題がないが、いったん問題になると、関係が大きい分、受けるダメージも大きい。

不幸なことに、二人の関係は、何でも言い合える親友から、相手をののしりあう敵になってしまった。

小学6年というと思春期が始まるころ。親の点数がどんどん低くなり、同姓友達の点数が大きくなっていく。また、異性を気にし始めるころでもあり、容姿には特に強い関心を持つのだ。

さらに、ネットの特性が今回の事件に拍車をかけたと思う。

ネットのチャットは、口語体である。しかも、日常の会話であり、二人には「概念」というより具体的「事例」であった。さらに、活字情報は情報量が少ない。つまり、誤解する可能性の高い伝達手段なのだ。

学校では、表面上平静にしている。相手への敵意は隠している。しかし、本音は、相手に敵意を持っている。

口語であり事例であり、しかも誤解しやすい（敵意があるという前提で見るとそう見える）情報を、自分のバーチャル１００のうち30から受け取る。感情や行動に大きな影響を受けてしまったのだ。

我々が、自らの１００人バランスをチェックしようとするとき、直接人に言われた内容、その人の表情、人づてに聞いたある人の本音情報（例えば、『○○さんが、『あなたは誠意のない人、信頼の置けない人だから、次のプロジェクトからはずそう』と言っていたよ」という伝聞を耳にした場合）、具体的に他人と比較されてしまう状況などは、大きなインパクトを持つのだ。

だから、自分ではたいしたことのない人間関係だと思っていても、毎日、何回も同じような刺激を受けていると、だんだんダメージが蓄積してくる。

例えば、会社で、上司からこと有るごとに嫌な表情で、「また君か。君に頼んで、一回でうまくいったことはないよな。すこしは他の人を見習えよ」と言われたとしよう。

あなたの１００人リストの中で、このいけ好かない上司は、「くだらないやつだから無視しよう」と思っていても、だんだん大きな地位を占めてくるのだ。

事例、口語、本音情報（表情）が入っているから、影響力があるのはしょうがない。いくらあなたが「無視しよう」と思っても無理である。

そのうち、無視しようと思っても、その人のことを考えてしまう自分に嫌気がさし、ますます落ち込んでくる。

さて、このようなときはどうしたら良いだろう。

まず、１００人バランスを変えることを考えてみよう。W子さんのように、あなたに元気をくれる人との付き合いを多くしてみる。あるいは新しい付き合いを増やすことにより、相対的に上司の比重が変わるかもしれない。

恋人などができると、バランスは大きく変わってくる。

あるクライアントが、人間関係で悩んでいた。私がそのカウンセリングを担当していたのだが、なかなか苦しい戦いを続けていた。

ところが、ある日から、相談の中身がすこしずつ変わってきた。彼がある女性に一目ぼれし、どうすればいいかという恋愛に関するテーマが主体となってきたのだ。

その頃から、彼の職場での人間関係はガラッと変わってきた。あんなに問題にしていた上司の言動もあまり気にならなくなったのだ。

上司を変えようとするのは、限界がある。それこそ祈禱師か、念力に頼るしかない。しかし、自分の１００人バランスなら変えられる。

本書のテーマに沿って言うと、会社をあきらめて、転職するという手もある。１００人バランスが一気に変化するだろう。その上司との付き合いの苦しさが、転職する不安より、大きいときは、転職も立派な方向転換である。あなたが会社に合わせることも必要だが、あなた自身が、社会から自分に合う場所を見つけ出せる時代だということを思い出して欲しい。

もう一つの対処法は、その上司の本音を確かめることだ。

嫌な表情からその上司の本音を推し量っているが、実は人間はもっともっと複雑だ。思い切ってその上司を捕まえ、「どうして私にそんな風にあたるのですか」と聞き出してもいい。あるいはもっとマイルドに、気心の知れた同僚から、上司に本音を聞き出してもらってもいい。「彼には、特に期待しているからだよ。実は今度の海外進出プロジェクトに彼を推そうと思っている。だから私も真剣に鍛えているんだよ」

これが、私のクライアントが、同僚から伝えられた上司の本音だった。

悩んだときは、いろいろな解決法がある。このように、積極的に行動をおこして乗り越える方法もある。そして、そういう人はあんまり悩みを引きずらない。行動を起こしたことで、結果が出て、必要であれば次の対処に変化するからだ。一方このような直接的な行動ができない人は、自分の中で処理しようとして悩む。100人バランス修正法は、そんな自分の中の解決法を見つけようとするときに、きっとあなたの力になるだろう。

この項の最後に、マスコミという怪物によって我々が受ける影響について触れておきたい。

多くのマスメディア、例えば、テレビ、映画（ビデオ、DVD）、漫画やアニメ、雑誌、本などは、この項で紹介した口語、事例、心理（本音）情報を含んでいる。その結果、我々は現実の人間関係から得られる情報より、このマスメディアを通じた情報のほうに影響されやすい。

その結果、雑誌で多く取り上げられるセンセーショナルな事件や投稿記事が、一般的だと勘違いし、それによって「役割」のイメージを作り上げてしまう。

作り上げられた役割が、現実の自分を取り巻く環境とかけ離れていくとき、自分に対する自信を失い、相手に対し不当な怒りを持ってしまう。

100人バランスを修正して欲しい。

現実の人間付き合いを増やすことにより、マスメディアから受ける比重を小さくできるだろう。

マスメディアそのものに触れる量を減らせる人はそうしたら良い。原始人の100人村に戻ろう。地に足をつけて自分の役割を確認しよう。

安息日という考え方（疲労への対処）

我々は、疲労を甘く見ている傾向がある。

現代社会は、確かに肉体疲労という意味ではかなりの部分を克服してきた。機械化、情報化され、快適なオフィスでキーボードを打つだけで仕事が回っていく。

しかし、我々は疲れている。滋養強壮のドリンクやサプリメントがおおはやりし、〝癒し〟は時代のキーワードになっている。

疲れの主体は、いわゆる精神疲労というやつだ。精神疲労といっても、肉体疲労とメカニズムは同じである。

我々は、ただ座っているだけでも、頭の中では様々なことをシミュレーションし、不安におののき、恐怖と戦いながら生きている。

すると、大きな運動をしていないにもかかわらず、心臓はどきどきし続け、胃はきりりと縮みあがり、手のひらには汗をかく。体の中では、細くなった抹梢血管にどろどろした血（危機の際の出血に備え粘性の上がった血）を送るために、血圧が上がる。

つまり、外見は何の運動をしていなくても、あなたの体内工場はフル稼働をしている状態なのだ。だからあなたは、一日中会社にいて何の肉体運動をしていなくても、帰りの電車で気を失うほど疲れているのだ。

人はそんなに続けて活動するようにできていない。

キリスト教には、安息日という考え方があると聞く。西部を開拓していたころの人々も、日曜日には教会に行くこと以外は仕事をしてはならなかった。つまり働くことを禁止したのだ。

一人だけ休むのは、開発競争でも取り残されそうで怖いだろう。しかし、皆で一斉に休むのなら、ゆっくり休める。そうやって、過酷な開拓時代も乗り越えてこられたのだ。

現代は、まさにフロンティアの再来だ。すべてが新しい。環境の変化が恐ろしく早い時代だ。この波に飲まれてしまわないためには、一週間に一日は、完全に休む（仕事も人間関係も）時間が必要である。

それが、あなたが乗っている〝人〟というマシンの限界なのだ。

それでも、なかなか休めないという人が多いだろう。そういう人には、私は、「あなたは、臆病なのですね」とか「勇気がないのですね」とか「リーダーとしての資質がないですね」などと、痛いことを言う。

もちろんこれは、その人の疲労がそれほど蓄積していないときだ。

休めない人は、やたら「自分がいなければ」と思う傾向がある。つまり、「責任」や「男らしさ」、「リーダーシップ」という言葉に敏感に反応する人なのだ。だから、あなたは自分がそういうタイプなら、「こんなことで気になって休めないのは、自分が小さいからだ」、「自分には休む勇気が足りないんだ」と考えるようにしてみて欲しい。

正面から行くだけが勇気ではない。下山する勇気、迂回する勇気を持つものこそが、本物の勇者だ。

男の人にはこのくどき文句は相当効果があるが、女性の場合は違う説得をする。

休みを取ることに罪悪感を感じてしまうのは、日本人のDNAのせいだ。特に、女性の場合は、苦しんでいるダメな自分に休みを与えると、ダメな自分が定着してしまうと考えてしまうことがある。だから苦しんで当たり前、楽しいことや楽なことはしてはいけないと思ってしまうのだ。

そんな発想の人には、休憩したりストレス解消のために楽しいことをしたりするのを「エネルギー補給」という表現で説明する。この場合、「ご褒美」という発想は避けたほうがいい。

ご褒美だと、かえって「ダメな私にご褒美を与えると、ダメな私が定着してしまう」という不安を刺激してしまうからだ。ご褒美ではなくエネルギー補給、戦い続けなければならないあなたに必要なサプリメントだ。

私は「まだ、がんばらなければならないんでしょう。そのためには、エネルギーを回復しないと」と説得する。

いずれにしても、繰り返しになるが疲労を甘く見てはいけない。

私は、クライアントと初めて接するとき、まずこの疲労の度合いを把握しようとする。疲労が強ければ、生きがいうんぬんの問題どころではない。うつ状態の対処を最優先する。人生について悩むにもエネルギーが要るのだ。

今日を楽しく生きる（幸せ貯金）

仮にあなたが疲労を蓄積してしまったとしよう。

うつ状態になってしまったら、1ヶ月以上の長期の休養を取らなければならない。

心から休養するのだ。その際しっかり良質の休養を取るためには、薬をうまく使うことがコツになる。薬で、睡眠を確保し（睡眠導入剤）、余計な不安を一次ストップさせる（抗不安薬）のだ。精神科を受診するのが最も確実で、苦しみが少ない。

特に回復期・リハビリ期は、心理的苦痛がつのる時期である。回復期・リハビリ期の乗り切り方は、拙著『うつからの脱出　プチ認知療法で「自信回復作戦」』を参考にして欲しい。

ここでは、日々の過ごし方の心構えを一つだけ紹介する。

不安がつのると、つい将来のことや過去のことを考えてしまう。

過去のこととはいえ、結局その危険が将来起こりはしないかという恐怖につながっているので、未来に対する不安である。

つまり、我々は調子が悪いとき、常に未来に対し過剰な警戒を持って準備しているのだ。

では、その警戒心を解くにはどうすればいいだろう。

考え方を変えるとか、１００人バランスを変えて入力情報を変えるなどという手もあるが、実は「何にもないという日々を重ねていく」のが心の平和を取り戻す王道なのだ。昔からよく言われる〝時間が解決する〟という、あのパターンだ。

未来の不安を無くすためには、今日を楽しく生きることだ。別に特別楽しいことがなくてもいい。言い換えれば、過去にあったような（あるいは恐れていたような）怖い出来事がなかった、普通の日だった、という一日を積み重ねればいいのだ。それが積もり積もって未来の不安が消えていく。私はこれを「幸せ貯金」といっている。

だから、あなたが未来の不安におののく日々が続いているなら、どうぞ今日を大切にして欲しい。今日誰と会うのか。今日何をするのか、今日何を食べ、今日どこに行くのか。そのことを考え、そのときをいかに充実して（気楽に、笑って）過ごせるかが、未来への対応だと考えるようにして欲しいのだ。

そんなときにも役に立つのが、先に紹介した「とりあえず」という発想。

とりあえず、今日は○○をしよう。とりあえず寝てみよう。とりあえず一つだけ、１００人リストの「大切にしたい人」の一人に、何かをしてあげよう。とりあえず今日の夕食に何を作ろう、何を食べよう。とりあえず、机の上を片付けよう。

計画的でなくても何でもいい。今思いついた一つのことを、できる範囲でやる。それを重ねていけばいいのだ。

今日を考えているうちに、きっとあなたの未来に対する恐怖が薄らいでいることに気がつくだろう。

chapter 10

第十章

あきらめの問題はケースバイケース

❖──人はいろんな才能の正規分布

神様は、環境が変わってもどこかの人間が生き残ってDNAをつなげられるように、るつぼとして人類を創造した。

男女という組み合わせにしたのも、次の世代により強い免疫を残すためだという。

人にはいろんな側面がある。

四章で詳しく述べた中間目標だが、これもすべての人が同じように惹かれるわけではない。ある人は、他に勝ることに特別に惹かれるが、他の人は、仲間に受け入れられることにエネルギーを注ぐ。また、ある人の関心を惹いているのは、愛されているという実感だったりする。

もちろん、他の要素が0ということはないだろうが、いずれにしても、中間目標だけを見ても、様々なバランスが考えられる。

このバランスこそが個性だ。

自分に与えられた戦闘力といっても良い。これらは努力で伸ばせるというよりも、むしろ与えられたものだ。生きるというのは、自らのバランスを知り、それに適応するように、自分の〝生きる場〟を求めることだろう。

ないものねだりをしてはいけない。マシンチェンジはないのだ。

あきらめるという才能も、正規分布だ。あきらめやすい人と、あきらめにくい人がいる。そしてそれは、お国柄といおうか、地域や人種によって、正規分布の配置が少しずれているように思える。（図29）例えば、日本人は図のB、西洋人はAなのかもしれない。

本書では、この〝比較的あきらめのへたな〟日本人のために、一般論としてのアドバイスをご紹介した。生きるためのぎりぎりの生活をしなくてすむようになり、それぞれの人生の選択肢が広がってきた現代を生きていく上で、「あきらめ」は、むしろ早めのほうが生きやすい。

ところが、同じ日本人でも、十分あきらめの早い人もいる。そのような人には、むしろ「あきらめるな」というアドバイスが必要で、これまでの日本の教育や文化の伝統を大切にして欲しい。何でもあきらめれば良いというものではないのだ。

また、同じ人でも、あきらめのいいときと悪いときがある。

本来は、あきらめの早い人でも、疲れているときはつい他の方法へ移る決断が鈍ってくる。エネルギーが豊富なときは、一つのことをあきらめてもほかに移ってやり直すことができる。ところが、エネルギーが底をついているときは、やり直し自体がいちかばちかの賭けになる。勢いこれまでのことを止めるのにはかなり慎重になってしまう。これまでのことは、苦しい道ではあるが、とりあえず何とか生きてこられた、少なくとも近い将来までは生きていける道なのだ。それを捨てて、新たな道に乗り換えるのは、大変危険を感じてしまう。

人を見て法を説け、というが、私は「人を見てあきらめを説け」といいたい。

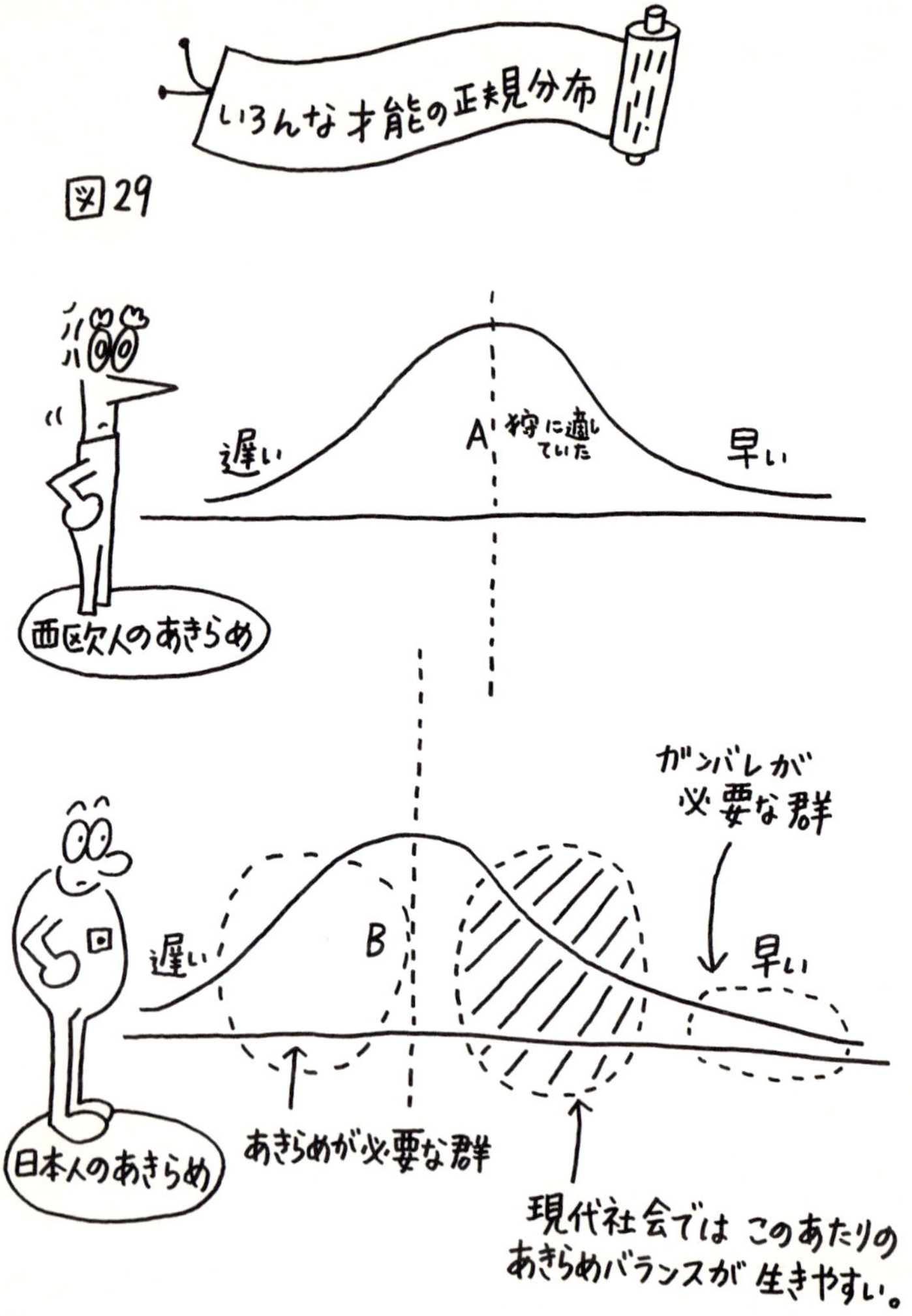
いろんな才能の正規分布
図29
遅い
A
狩に適していた
早い
西欧人のあきらめ
ガンバレが必要な群
遅い
B
早い
日本人のあきらめ
あきらめが必要な群
現代社会では このあたりの
あきらめバランスが 生きやすい。

しかし、社会が「明るく・軽薄・短小」のペースで進むとき、それについていけないタイプ。親切で、まじめで、粘り強く、弱音を吐かず、人間関係を大切にするという日本の美徳を受け継ぎ、自分とは何かを真剣に考えるタイプの人は、ついていけなくなり、自己嫌悪に陥りやすい。そんな人が、あきらめが悪くなる傾向がある。あきらめが悪いと、事態が悪化するという悪循環に陥りやすい。

本書は、そんな心やさしい人、生きることに真剣な人、自ら切り開いていきたいという強い意欲を持っている人が苦しむ「あきらめにくさ」を何とか緩めることを目的とした。

だから、そんな人でも、元気なときはむしろイケイケでやって欲しい。ピンチのとき、自然にあきらめが悪くなるので、そのときのコツを紹介したまでだ。

本書は、夢をあきらめろなどと言っているのではない。そうではなく、可能性の低い夢をうまくあきらめ、もっと可能性のある他の夢を追うという、原始人が持っていた、もっとタフなしたたかな生き方を思い出そうと言っているのだ。

だから、本書は、夢に向かって突き進んでいる人をターゲットにしているわけではない。心の底であきらめようとしている人、今の生き方の苦しさが積もり積もって、他の方法を探さなければならないのに、その勇気が出ない人のために、筆をとった。そのタイミングが遅れていけばいくほど、人生の重要な時間とエネルギーを失う。費用対効果が悪くなっている賭けは、止めなければならない。タイミングが遅れすぎて、消耗しきったとき、ひとつの生き方ではなく、人生そのものをあきらめてしまうこともある。

あきらめるをあきらめる

あきらめきれないあなたには、あなたのポジションがある

あなたがこの本を手にしたということは、いま、なにかをあきらめようとしているのかもしれない。

そろそろあきらめるべきだと思いながら、なかなかあきらめきれないで苦しんでいるのだろう。

本書をここまで読んできて、あなたはいっそう、「努力してあきらめなければ」「フォーカシングで心の整理をしなければ」「１００人バランスを整えなければ」「そうか、苦しみが足りないんだ。もっともっと苦しまなければ…」と思っているかもしれない。

しかし、ちょっと待って欲しい。

「あきらめる」という性質も、実は神様が正規分布でそれぞれの人にその能力を与えていることを思い出して欲しい。

例えば、日照りが続き原始人が、水を求めて小川に集まったとしよう。みなが、川底を掘り始める。時間がどんどんたっていき、エネルギーが消耗する。そのとき、あっさりとその川を捨て、他の場所へ移動する者もいるだろう。かと思うと、他のほとんどの者がその小川を捨てても、まだ深く掘り続ける人もいるだろう。

どちらが水にありつけるかは、運次第だ。

しかし、人類が生き延びるためには、バランスよく正規分布で分散させておいたほうがいい。つまり、人には与えられた能力にしたがって、それぞれの役割があるのだ。

あなたが、本書に書いてあることを試しても、まだあきらめきれないとすれば、それは、あなたが「最後までその穴を掘り続ける」という大役を担っているということなのだ。つまり、それがあなたの生き方、生きる場所といえるかもしれない。

他人から見たら、不器用に見えるかもしれないが、それがあなただ。

あなたの苦しみは、あなたしか耐えられないから、神様がそのポジションをお願いしているのだ。だとすれば、あなたは「あきらめる」ことにこれ以上固執してはいけないのかもしれない。自分の力が続く限り、とことんやることでしか、あなたの心は落ち着かないようにできているのだから。

終わりに

「おもしろいですね。それにしましょう」

編集者の土佐さんの目が輝いた。

私はちょっとひきながら、

「そうですか…」

と答えた。

確かに数秒前、

「あきらめ、というテーマもおもしろいですよ。私はいつかこのテーマでまとめてみたいと思っていたのです」

と言ったのは私だ。カウンセラーの私にとって「あきらめ」は、とても興味深いテーマだった。あきらめこそが、クライアントの幸せにとって重要なポイントになると、私の感が訴えていた。

しかし、それを本にするのは別の問題である。私の中にちょっとした不安が広がった。

実際、書き始めると、その不安はすぐに後悔に変わった。

もともと人の心理は複雑だ。様々な要素が絡み合っている。本にするということは、少なくとも自分自身がその仕組みをよく理解し、さらにそれを人にわかる形で簡潔に説明できなければならない。

あきらめについては、これまで自分なりに十分考察しているつもりだった。ところが一つのテーマとしてもう一度集中的に考えてみると、あきらめは非常に多くの分野と複雑に関連していることに気が付き始めた。果ては、人の幸せという大きなテーマにも手を染めなければならなかった。

なんとなく自分では、それらの関係を整理できるようになったが、それを文字にするのは、自分には、あまりにも荷が重い作業だと感じるようになった。正直ちょっぴりブルーな気分になってしまった時期もある。


ところがしばらくすると、私の中に、「あきらめ」が芽生えてきた。

十分苦しんだ上でのあきらめであるので、正しいプロセスであるといえよう。私はこう思うようになったのだ。

「確かにこの本では十分にあきらめを解説し切れない。しかしそれはそれでいいのかもしれない。自分の考えが100パーセント正しいと言い切れないし、それが仮に100パーセント伝わったとしても、それは単に私の一つの仮説でしかない。

良い本というのは、その本を読んでイマジネーションが刺激される本である。著者の仮説を読者が独自の経験と発想力で、様々な読み方をする。そんな懐の深い本のほうがおもしろい。

現に私の講義の感想だって、聞いている人がそれぞれ独自の解釈をしていて、「俺、こんなこと言ったっけ?」という部分にも感銘を受けているじゃないか。

かくして私は、あきらめを解説するのをあきらめたのである。言い訳のように聞こえるかもしれないが、これはこれで、私にとっては重要なあきらめの修行であった。

しかし、この「あきらめ」ですんなり事が収まるわけではない。あきらめはもともと長くかかるプロセスだ。

作業を進めるうちにまた不安が高まる。

「やはり文章でうまく表せない…」

「もっと、わかりやすく表現しなければ」

「自分で読んでもわからないじゃないか」

また、自己嫌悪。悪いサイクルにはまりつつある。苦しんだ。

そして苦しみはあきらめを生むエネルギーを蓄え、またあきらめの天秤が動き出した。

「自分は文章は下手なのだ。でも講義はわかりやすいと評判だ。どうしてだろう。そうか、図を使って説明しているからだ」

それからは少し吹っ切れた。

文章ですべてを表現しようとせず、図で表現する〝自分らしいスタイル〟に戻れたのだ。

「かっこいい文章を書き、人からすばらしいと思われたい」という「満足しない誤作動」を解消したとき、苦手な文章に固執するのではなく、得意の図での表現に貴重な時間とエネルギーを注ぎ込めるようになった。そしてそのとき初めて、落ち着いて仕事を進められる実感が湧いた。じわり系幸せだ。

本書で何度も触れたように、あきらめは生きるために重要な選択機能であり、成功のための一次撤退でもある。

いろんなことをやりたい、やらないのは人間の怠け心。

これは正しいが、その考えだけに偏ると、自分が理想に近づけないのは自分の怠け心のせいとなり、自己批判、自虐が強まる。

一方、あきらめの観点から言うと、自分という製品がまずあり、マシンチェンジはない。後はそれをどう使いこなすかだけである。そのためには、自分の性能をよく知り、戦いの場を選ぶことが大切だ。そのマシンの性能をうまく発揮できる分野を探し、そこで勝負する。勝負を避けるのではない。勝負し、だめなら他の道を探すということだ。

うまいあきらめ方とは、「あきらめるところは、認め、決して自尊心を失わない」ということである。

これは、生き方なので、学校では教えてくれないだろう。私は父として愛する娘たちに後ろ姿で示してやりたいと思っている。そのためには、私自身が一生「あきらめ」の修行を続けることだろう。それは、単にうまく生きるということではなく、人生を前向きに生きるための苦しみと戦う姿を見せることだと思っている。

本書をまとめるにあたり、マガジンハウス書籍出版部の土佐豊さんには大変お世話になりました。

これまで縁があってお会いしてきたクライアントの方々にも感謝したい。皆さんのあきらめの修行にお付き合いさせていただいたおかげで、本書は生まれた。

この本が、現代人の心を少しでも軽やかなものにしてくれれば幸いだ。

下園壮太（しもぞの・そうた）

心理療法カウンセラー。1959年、鹿児島県生まれ。防衛大学校卒業後、陸上自衛隊入隊。

国内留学制度により、筑波大学で心理学を研修。

陸自初の「心理幹部」として多くのカウンセリングを手がける。現在は陸上自衛隊衛生学校で、メンタルヘルス教官として衛生科隊員（医師・看護師等）にメンタルヘルス、自殺防止、カウンセリングなどを教育中。

著書に、『人はどうして死にたがるのか』『愛する人を失うとどうして死にたくなるのか』（いずれも文芸社）、『自殺の危機とカウンセリング』（金剛出版）、『うつからの脱出　プチ認知療法で「自信回復作戦」』（日本評論社）などがある。

あきらめ上手《じょうず》は生《い》き方上手《かたじょうず》
二〇〇五年一月二〇日　第一刷発行

著者——下園壮太《しもぞのそうた》
発行者——石﨑　孟
発行所——株式会社マガジンハウス
東京都中央区銀座三-一三-一〇　〒一〇四-八〇〇三
電話番号　販売部　〇三（三五四五）七一三〇
編集部　〇三（三五四五）七〇三〇
印刷所——光邦
製本所——小泉製本

ISBN4-8387-1517-X C0095